开卷有益：
高校阅读文化建设与实践

易雪媛 张沁兰 ◎ 编著

四川大学出版社

图书在版编目（CIP）数据

开卷有益：高校阅读文化建设与实践 / 易雪媛，张沁兰编著． — 成都：四川大学出版社，2023.5
ISBN 978-7-5690-6098-0

Ⅰ．①开… Ⅱ．①易… ②张… Ⅲ．①院校图书馆—读书活动—研究 Ⅳ．① G252.17

中国国家版本馆 CIP 数据核字（2023）第 076959 号

书　　名	开卷有益：高校阅读文化建设与实践
	Kaijuan Youyi: Gaoxiao Yuedu Wenhua Jianshe yu Shijian
编　　著	易雪媛　张沁兰
选题策划	梁　平　王　静
责任编辑	王　静
责任校对	张伊伊
装帧设计	裴菊红
责任印制	王　炜
出版发行	四川大学出版社有限责任公司
	地址：成都市一环路南一段 24 号（610065）
	电话：（028）85408311（发行部）、85400276（总编室）
	电子邮箱：scupress@vip.163.com
	网址：https://press.scu.edu.cn
印前制作	四川胜翔数码印务设计有限公司
印刷装订	成都市新都华兴印务有限公司
成品尺寸	170 mm×240 mm
印　　张	10.75
字　　数	207 千字
版　　次	2023 年 6 月 第 1 版
印　　次	2023 年 6 月 第 1 次印刷
定　　价	68.00 元

本社图书如有印装质量问题，请联系发行部调换

版权所有 ◆ 侵权必究

前　言

中华民族绵延数千年，既创造了灿烂辉煌的历史文化，也形成了优秀的阅读文化传统。当前，国家将"全民阅读"纳入文化强国建设中，"全民阅读"理念逐渐深入了社会各界。高校要响应国家号召，以阅读文化筑起高校读者成长成才的阶梯，鼓励师生把阅读当成一种生活态度、一种责任和一种精神追求，努力增强师生文化修养，积淀人生底蕴，促进中华民族精神的传承和升华。在坚定文化自信、建设文化强国的道路上，高校开展阅读文化建设也是发扬光大博大精深的中华文化，发扬光大人类文明的优秀文化的重要路径。

今天，中华民族巍然屹立于世界之林，我们需要时刻保持清醒和斗志，将崇尚阅读的优良传统融入努力实现中国梦的时代精神，珍惜时光、志存高远、激荡青春，勿负民族重托，与书为盟，砥砺前行，学有所成，报效祖国。

耕读传家、诗书继世历来就是中华民族的优良传统。以史为鉴可知兴衰得失，存仁义大爱。阅读能让人保持思想活力，让人得到智慧启发，让人滋养浩然之气。高校师生在浩如烟海的书籍中要学会选择好书，在阅读中品味经典、感悟人生，自觉涵养正确的价值观。阅读，不仅能帮助个人修养、境界的提升，对于社会而言，也能净化社会风气，形成和谐、文明、向上向善的社会氛围；而全民阅读氛围的形成，也是增强国家软实力、延续民族文脉、建设文化强国的重要途径。因此，阅读不仅是为了成为更好的自己，也是为了文化传承和文明传播，更是为了民族和国家的未来。

书痴者文必工，艺痴者技必良。书山路远勤学不辍，阅读启航追梦青春。奋进新征程，高校应自觉肩负实现中国梦的历史使命，履行传承文化、弘扬经典的义务。大学生要把握新时代的大好时光，让阅读与人生同行，让阅读成为终身功课，让阅读这盏明灯始终伴随逐梦之路，在阅读中发现世界、走向世界。高校要培育大学生自觉以书为师、以书为友、以书为镜，时常自省，常怀"书到用时方恨少"的危机感，自觉在阅读中思考未来发展道路，凝聚智慧力量，自觉做到知行合一，为助推社会文化事业发展，建设书香校园和书香社会，汇集强大的精神动力。

新时代党和国家的事业犹如滚滚车轮，势不可挡，勇往直前。高校也要肩负起坚守为党育人、为国育才的历史使命，用优秀阅读文化哺育莘莘学子，培养能担当民族复兴大任的时代新人，用阅读文化建设献礼新时代，共同奋进新征程，积极以阅读文化汇聚中华文化光辉，共同谱写中华民族伟大复兴的华彩新篇。

本书基于高校阅读文化开展理论与实践研究。一方面，探索高校阅读文化"是什么""为什么""有什么"等问题，开展基础理论研究，为相关理论发展提供借鉴和思路。另一方面，通过介绍国内外高校阅读文化实践案例，总结和归纳阅读文化建设经验和规律，提出"怎么做"的思路，进而推动高校阅读文化的纵深发展。

本书内容共五章。第一章为阅读文化发展沿革，梳理了阅读文化的概念、中外阅读文化的情况，探析高校阅读文化的意义；第二章呈现了高校阅读文化的多维融合，剖析了全民阅读、文化自信、校园文化、立德树人等与高校阅读文化的密切联系；第三章介绍了高校阅读文化的构成要素，包括读者的阅读价值取向、高校阅读文化的建设保障、高校阅读文化的物质环境、高校阅读文化的推广行为；第四章为高校阅读文化建设的多重展现，介绍了高校传统经典阅读文化、高校红色阅读文化、高校美育阅读文化、高校空间阅读文化等内容；第五章为国内高校阅读文化实践，分别介绍了国内外高校阅读服务典型案例，并重点介绍了成都医学院图书馆的阅读文化实践，最后提出了推动高校阅读文化实践的建议，为高校阅读文化的未来发展提供借鉴与参考。

囿于编者的知识与水平，书中难免有错漏与谬误，还望各位专家与读者批评指正，提出宝贵意见！

易雪媛　张沁兰
于成都医学院图书馆

目 录

第一章 阅读文化发展沿革 ……………………………………………（1）
　第一节　阅读文化概说 ………………………………………………（1）
　第二节　中国阅读文化源流 …………………………………………（6）
　第三节　外国阅读文化情况 …………………………………………（23）
　第四节　高校阅读文化的当代阐释 …………………………………（37）

第二章 高校阅读文化的多维融合 ……………………………………（40）
　第一节　全民阅读与高校阅读文化 …………………………………（40）
　第二节　文化自信与高校阅读文化 …………………………………（43）
　第三节　校园文化与高校阅读文化 …………………………………（46）
　第四节　立德树人与高校阅读文化 …………………………………（49）

第三章 高校阅读文化的构成要素 ……………………………………（53）
　第一节　读者的阅读价值取向 ………………………………………（53）
　第二节　高校阅读文化的建设保障 …………………………………（60）
　第三节　高校阅读文化的物质环境 …………………………………（65）
　第四节　高校阅读文化的推广行为 …………………………………（68）

第四章 高校阅读文化建设的多重展现 ………………………………（81）
　第一节　高校传统经典阅读文化 ……………………………………（81）
　第二节　高校红色阅读文化 …………………………………………（86）
　第三节　高校美育阅读文化 …………………………………………（92）
　第四节　高校空间阅读文化 …………………………………………（103）

第五章 高校阅读文化实践……………………………………（108）
第一节 国内高校阅读文化实践……………………………（108）
第二节 国外高校阅读服务典型案例………………………（145）
第三节 推动高校阅读文化实践的建议……………………（148）

参考文献………………………………………………………（159）

后　　记………………………………………………………（163）

第一章 阅读文化发展沿革

第一节 阅读文化概说

一、阅读文化的概念与内涵

文化与人类文明发展相伴相生，是社会发展的折射和反映，饱含人文底蕴，积淀着民族或群体的精神追求，发挥着教化人心、传播思想、塑造精神等重要作用。对文化的解读可以追溯至商代的甲骨文，"文"字像身上有花纹的人形，"化"字则犹如一正一倒的人形，有变化的含义。国外对文化的诠释往往从社会中人类思维与行为规律出发，将文化视为人类活动的产物。文化是长久以来形成的知识、价值观和行为的复合体，能得到人们的广泛认同和遵循，内涵丰富、意蕴广博。各类文化理论争鸣发展，形成了绚烂的世界文化体系。

自文字诞生以来，人类文明发展便与书籍、阅读紧密相连，在历史长河中呈现了世界上各民族、各地域独特的阅读历史。阅读作为人类重要的认知活动，是人类社会的基本文化活动，也是文化保存和传播的根本途径。通过阅读，人们可以解读文明密码、传承文化基因、赓续文脉记忆。阅读文化是人类在长期阅读实践中形成的一种文化现象，是能对人们的阅读价值观、阅读行为、阅读风气等产生影响的复合思想体系。"阅读文化是建立在一定的技术形态和物质形态基础上的，受社会意识和环境制约而形成的阅读价值观念和阅读文化活动。"[①] 对阅读文化的研究就是将阅读作为文化现象之一放入社会历史大环境中进行分析，以揭示其文化内涵和社会功能。

---

① 王余光，汪琴：《关于阅读文化研究的几个问题》，《图书·情报·知识》，2004年第5期，第5页。

回顾过往，图书史、藏书史、图书馆史、阅读史交织相融，构筑了壮丽辽阔的人类文明的演进之路，谱写了璀璨多姿的阅读文化长卷。中国有着悠久的阅读文化历史，古代社会曾有"万般皆下品，惟有读书高"[1]的文化理念。崇文尚读的典故与言论不胜枚举，如宋太宗曾言"开卷有益，朕不以为劳"[2]，而"开卷有益"也成为流传至今的劝学良言。当代中国仍然重视阅读文化建设，尤其自2014年起，"全民阅读"多次被写入《政府工作报告》，让学界和社会对阅读文化产生了更多关注。如2022年，李克强总理在《政府工作报告——2022年3月5日在第十三届全国人民代表大会第五次会议上》中提到"深入推进全民阅读"[3]。全民阅读作为由政府主导、各界响应的一项全国性文化活动，是构建书香社会、发展社会文化的重要举措。而关注阅读文化、研究阅读文化、建设阅读文化，正是对国家"全民阅读"文化战略的有力回应，希望我们能用"阅读文化"构筑社会文化的"集体记忆"，让崇文尚读这一中华民族的精神底色在新时代继续焕发光彩。

二、阅读文化的特性

一是阅读文化的实践性。阅读文化并非凭空抽象地产生，而是在社会文明的发展过程中，由人类阅读实践而取得的经验和知识等衍生而来。阅读文化的实践性决定了其必须与人类阅读行为相关联，阅读文化源于读者实践，也要回归到持续的阅读文化实践中去。只有开展阅读实践，才能认识和检验各类阅读理论，与阅读价值观、阅读方法、阅读环境等阅读文化相关的内涵才能有所发展。实践是联结阅读文化和社会存在的节点，如果没有阅读文化实践，阅读文化就会成为空洞的字眼和理论假说，停留在意识层面则难以发挥其社会价值和功能。

二是阅读文化的共有性。阅读文化凝聚了集体对阅读的共识，个人的阅读偏好不能成为阅读文化。集体共享的阅读文化对某特定群体有着强大的阅读影响力。不同民族、不同历史阶段、不同地域的集体可能形成不同的阅读文化，但各种阅读文化在各个集体内部都具有共有性。例如在民族层面，我国古代社

---

[1] 转引自杨果：《中国翰林制度研究》，武汉大学出版社，1996年，第165页。
[2] 仲新朋主编：《中华典故》，吉林文史出版社，2018年，第205页。
[3] 李克强：《政府工作报告——2022年3月5日在第十三届全国人民代表大会第五次会议上》，(2022-03-12)［2022-08-10］，http://www.gov.cn/premier/2022-03/12/content_5678750.htm。

会就有"耕读传家、诗书继世"①的良训,这种阅读文化就是中华民族的优秀传统。而某些地域在特定历史时期也会形成独特的阅读文化,如浙江阅读文化在宋代就呈现出地域共有性等特征,形成了宋代浙江地区学院(派)林立、雕印精湛、出版发达、藏书昌盛、书斋化阅读等鲜明的阅读文化地域特点。②

三是阅读文化的历史性。文化是一定社会、一定时代的产物,每一代人都生长在特定的文化环境中。阅读文化作为一种文化样态也具有文化的历史性,不同历史阶段的阅读文化会呈现出明显的差异性。不同时代的人们继承了曾经的阅读文化,又会根据当代经验和需要对阅读文化加以改造,在阅读文化中注入带有时代烙印的新内容,抛弃不合时宜的内容。因此,阅读文化的发展过程也是连续不断积累、扬弃、更新的历史过程。不同历史阶段的阅读文化潜移默化地影响着人们的阅读价值观念和阅读文化活动,这让读者的阅读兴趣与选择随着时代而发生了改变。

四是阅读文化的教育性。阅读自古便是公认的社会教化重要手段,阅读文化也有着润物细无声的教育功能。人类历史上优秀的思想、伟大的智慧、丰富的知识可以通过书籍流传至今,人们通过阅读书籍可以获得广博的教育资源,滋养人的精神世界,如钱穆认为通过阅读能遇见人生境界高、情味深,可做榜样之人,从而也能让自己的精神世界敞亮,拥有高贵的生命。③可见,善读书、读好书,就如同受教于先贤圣人,可以恣意吸取思想精华、学习知识智慧。阅读可以使人们在古今事迹中开阔眼界、吸取经验,获得心灵滋养与精神力量,从而形成正确的"三观"与人生追求。阅读也能帮助人们完善人格、改善自身气质和陶冶道德情操,净化自身和社会风气,使全民的综合素质得到提升。

三、阅读文化的当代价值

(一)响应全民阅读号召,助推书香社会建设

全民阅读关乎国民的综合素质、关乎文化强国建设、关乎国家现代化进

---

① 转引自杨威、罗夏君:《中华传统家训精粹》,教育科学出版社,2020年,第204页。
② 华小琴、郎杰斌:《宋代浙江阅读文化的发展动力与地域特点》,《图书馆》,2019年第7期,第100~106页。
③ 梁启超等:《成为一个不惑、不忧、不惧的人:力透时空的演讲》,北京联合出版公司,2016年,第16页。

程,是一项重大的国家文化战略。阅读文化建设是推动全民阅读的重要举措,有利于打造全民阅读的文化氛围和文化环境,有助于形成坚实的阅读制度保障,使阅读成为人们的日常习惯、精神追求和生活方式。当代社会发展日新月异,创新与发展离不开知识信息的积累与再创造,而阅读是获取、传播、创造知识的重要手段。因此,为传播全民阅读理念、提高全民阅读素质、提升社会文明程度,在全社会形成浓厚的书香氛围,为社会的发展提供有力支撑,是新时代阅读文化的重要价值。

阅读文化旨在培育人们崇尚阅读的文化风貌,让阅读行为在社会中蔚然成风,这是全民阅读实现的基础,也是一种积极向上的社会文化面貌。中华优秀传统文化是中华民族的宝藏,传统崇尚阅读的社会文化风气也需要在当代赓续。但是自20世纪以来,受"西学东渐"等因素的影响,社会文化观念和思想意识发生改变,经典阅读、传统文化传承等也出现了断裂。到21世纪,随着网络信息高速发展和阅读方式的多样化,国民阅读出现了浅阅读、泛阅读、娱乐化的倾向,社会总体的阅读水平并不乐观。如今强调提升文化软实力,倡导建构文化自信,重视传承传统优秀文化,就更要延续中华民族书香继世的优秀传统,将阅读文化深入推进到社会各领域,让更多的人自觉参与阅读活动,用书卷气去净化社会上的俗气、浮躁等不良风气。随着阅读文化不断深入人心,全民阅读就更具成效,社会书香气就会愈发浓厚,从而推动全民综合素质提升,汇聚为强大的民族文化力量。

(二)丰富学科理论体系,发展阅读相关领域

阅读作为人类精神文化生活的主要组成部分,可以从很多学科理论视角开展相关研究。而从文化视角去研究阅读活动,充分借鉴和参考文化理论的概念与方法,可以拓宽我国图书馆学、出版学、传播学等相关学科的研究视野,补充和丰富相关学科理论体系。同时,当代社会阅读活动和图书馆事业、出版业、信息服务业、文博与文旅等领域相互交融,阅读与社会文化之间的关联度,图书馆等文化机构如何有效开展阅读推广活动,社会阅读的偏好与兴趣走向,出版界如何应对新兴媒体对传统纸书阅读的冲击等,这些问题都值得探索。所以,关注阅读文化,从中发掘更多与社会阅读相关的信息,也能为图书馆界、出版界、信息服务界等提供决策参考,助推相关产业或领域进一步发展。

在社会的现代化进程中会不可避免地存在缺失人文精神的情况,传统的深度阅读与思考在这个数字狂欢时代略显无力。社会阅读弘扬人文精神的功能逐

渐被市场化、娱乐化、功利化，不管是经典阅读、专业阅读，还是教育阅读、休闲阅读等，都为畅销度、点击率、讨论度、吸引力等指标所裹挟。阅读变得碎片化，而非心灵休憩，快餐式的阅读模式已成为常态。而要发展阅读文化，就需复归人文精神，通过各相关学科的理论探索与实践，培育正确的阅读价值取向和阅读方式，改善社会阅读环境，让阅读更具人文性、自主性、深度性。再者，阅读文化可以折射出社会阅读群体的价值追求和心态兴趣，研究阅读文化有助于了解读者、关注读者，由此抓准读者需求、研判市场信息，为出版选题、市场营销、阅读服务工作等方面提供有效的决策参考。阅读文化能让与阅读相关的各领域联系更加紧密，让它们获得更多读者认同，助力阅读相关领域的高质量发展。

（三）促进阅读公平理念，助力文化强国目标

阅读是人的权利，宣传阅读也是一种社会责任。联合国教科文组织在《图书宪章》第一条就明确指出，每个人都有读书的权利，社会有责任保证每个人都有机会享有阅读的利益。[①] 长期以来，联合国教科文组织也通过"世界图书与版权日""世界图书之都"等活动在世界范围内推广阅读理念，致力于让更多人参与阅读，希望人人都能共享阅读权利。如今，越来越多的国家认识到国民阅读的重大战略意义，陆续制定与阅读相关的政策法规，开展各种阅读活动。阅读文化传递着阅读公平的理念，帮助全民阅读理念得到更广泛的传播与认同。在我国文化强国建设的进程中，也需要倡导阅读文化，在阅读中传承中华文脉，激发传统文化的时代活力，树立国人的民族自豪感，培养国人的文化自信，助推文化强国建设。

现代化强国是综合国力的体现，国家的竞争力既取决于它的物质资源，还取决于它的文化软实力，国家的精神力量与国民素养关乎国家发展大局。因此，世界发达国家无不重视国民阅读水平。当前我国的阅读现状与我国的文化强国建设目标、人民群众的美好生活需求及发达国家的阅读水平都还有不少差距，造成这一状况的因素有很多，一个主要原因是没有在全社会形成一种阅读文化环境或氛围，因此需要加强阅读文化的相关研究，推进建设全民阅读的社会环境，逐步健全全民阅读的体制机制。[②] 新时代赋予人们新使命，民族复兴

---

① 文化部图书馆事业管理局科教处编：《世界图书馆事业资料汇编》，书目文献出版社，1990年，第48页。

② 任翔：《中国阅读文化建设探讨》，《北京社会科学》，2020年第10期，第4~14页。

是国人的共同使命，我们更需要传播阅读文化形成全民阅读风尚，培育国人的文化自信，凝聚国人建设文化强国的精神动力。

第二节　中国阅读文化源流

中华民族阅读文化历史悠久，在崇尚阅读的古代社会中留下了璀璨的阅读文化史料。中国阅读文化可上溯至先秦，随着社会演进的持续变迁和发展，与历代文化底色融合交织，呈现出深刻的阅读文化内涵。中国藏书史、阅读史的交织发展，也是中华文明史发展的缩影，与王朝兴替、政权起伏相随，展现了中华古老阅读文化的存续性与生命力。当代阅读文化建设也应该从历史中汲取养分，让传统阅读文化充分发挥其当代价值，发掘、保护、整合和传播特色阅读文化，寻找客观规律、以点带面推广、典型示范引领，逐渐形成阅读文化发展大格局。因此，有必要了解中国阅读文化渊源，梳理阅读文化的发展进程，通过以古为鉴总结客观经验规律，为更好地开展当代阅读文化建设提供参考。

一、文字产生与阅读起源

文字是阅读活动的基础，随着文字的产生，阅读活动日渐丰富。文字演化也历经了长久的岁月，随着人类社会的发展逐渐完善。在文字产生以前，语言是人类信息交流的重要工具，很多原始社会文化主要通过口口相传才得以保留，传唱和口述成为传承文化的基本方式。但是语言具有即时性，不可直接回溯与查看，原始社会的语言更无法被记录并再次使用。而且语言传播的方式极大地依赖人类的记忆功能，但记忆有着固有且难以逾越的局限，也就是遗忘。遗忘会使人脑记忆保存的信息遗失，让人对曾经感知的事物变得陌生，思维与想象活动也就难以进行，依靠人脑记忆保存的社会文化就会中断。人类也总是在与遗忘进行对抗，希望能长久地、稳定地延续记忆。

因此，当人类社会丰富的实践活动带来大量的经验信息，而语言与人类记忆已不足以保存这些信息的时候，人们就开始有意识地借助外部事物来帮助人们保存记忆，并在此过程中发明了文字。早期人类采用比较原始和简单的方式记录信息，《周易·系辞下传》中有："上古结绳而治，后世圣人易之以书契……"①"结绳""刻记"等方式成为原始社会记录信息的主要方法。文字也是由刻画符号而逐渐演变成熟的，许多文明古国都发明了独特的原始文字。我国现存可考最早的汉字是殷商时代的甲骨文，其他类似青铜器上的铭文也能反映一些早期汉字的形态。当文字产生后，人们又不断发掘文字载体，开始用文字记录经验、保存记忆，并产生了各种文献。我国古代传说中就提到伏羲氏画八卦、造书契，取代了结绳记事，文籍由此产生。文献有效弥补了人们易遗忘这一缺陷，使人们可以将记忆长期稳定地保留在载体中。因此不难发现，当社会文化的保存需要超过了人类大脑的记忆极限，汉字、文献等记忆中介产物就出现了，它们成为人脑记忆功能的延伸，履行保存社会文化记忆的功能。正是由于汉字的产生与阅读行为的延续，人类社会文化可以世代传承。即使时代更迭、时移世易，但是文献中记载的文字仍能替代先人向后世展示历史文化记忆，而人们通过阅读可以复述过往社会的经验与成果，帮助人类持续创造社会文明。

二、文献载体变迁促进阅读文化发展

自从文字产生后，人类就在不断寻找适合的工具与载体记录文字，文字记录载体的出现与发展使人类可以更加完整地表达思维过程与情感，记录到载体上的人类思想就逐渐形成了文献。我国古代文献载体从原始的龟甲或兽骨、金石、泥版、纸莎草、羊皮纸等，再到后来的竹木、缣帛、纸等，向着越来越轻便灵巧、经济实用的方向发展。文献载体的变迁让更多人能获取阅读资料，社会阅读行为逐渐普及，直接促进了阅读文化发展，使阅读文化发展呈多元发展趋势。

（一）早期文献载体

我国古代典籍文化源远流长，例如"河图""洛书"等原始文献的传说，而一般认为大概在商代已有图书的原型。中国早期的文献载体也有多种形式，从最初的甲骨、金石发展到后期的竹木、缣帛等。甲骨指龟甲与兽骨，我国商代用甲骨刻记占卜文字，清末光绪年间在河南安阳的殷墟出土了大量的甲骨，也称殷墟甲骨。古人也有将文字铭刻在青铜器等金属器物上的传统，在商周秦汉较为盛行，如现已发现的古代最重的青铜器商后母戊鼎上就刻有铭文，西周

---

① 陈鼓应：《周易今注今译》，赵建伟注译，商务印书馆，2016年，第650页。

毛公鼎是现存铭文最长的青铜器，铭文有近五百字。石在古代作为文献载体，又分为天然之石摩崖、圆形的碣、方形的碑。如泰山、华山等名山崖壁上都可见摩崖石刻遗迹。竹木是指用竹或木为材料做成竹简或木简，木还可以做成木板（又称木牍），竹木简用绳编连起来就可以成册。在汲郡人不准盗发魏襄王墓中发现了大批战国的竹简，即著名的"汲郡竹书"。山东临沂银雀山汉墓发现的《孙子兵法》《孙膑兵法》竹简也闻名于世，湖北曾侯乙墓、云梦睡虎地秦墓等都发现大批战国竹简。缣帛是一种丝织品，古代用它来记录文献，也称为帛书、缯书，还有因其色白称为素书。缣帛在上古时期就已出现，后来逐渐用以书写文字和绘图，长沙马王堆汉墓曾出土《老子》《相马经》等大批帛书。先秦两汉时期以简和帛并用为主，故有"书之竹帛"这一传世之说。

（二）纸的发明与印刷术发展

纸发明之前，古代文献载体多以简和帛为主。东汉蔡伦总结改进造纸术，发明了"蔡侯纸"并逐渐得到推广应用。《后汉书·卷七十八·宦者列传》中记载："缣贵而简重，并不便于人。伦乃造意，用树肤、麻头及敝布、鱼网以为纸，元兴元年奏上之，帝善其能，自是莫不从用焉，故天下咸称'蔡侯纸'。"[1] 纸的发明是图书发展史与人类文明史的里程碑，纸作为文献的重要载体一直延续至今。但是纸本在最初并未完全取代缣帛，当时社会仍重帛轻纸，认为帛书尊贵，用纸用绢等级分明。东晋末年，桓玄下旨以纸代简，纸才逐渐取代简帛，古代典籍才慢慢进入纸本时代。

唐代发明了雕版印刷术，从发现、出土的文物来看，唐代已有多件印刷品出现。[2] 目前发现的最早印刷品为唐代《无垢净光大陀罗尼经》。中国印刷术的发明影响了整个人类文明进程，也为藏书史和阅读文化注入了新的生机。但正如纸的出现并没有立即取代简帛，雕版印刷术的发明也并未影响隋唐时期写本书的兴盛。隋唐时代是我国写本书的鼎盛时期，官私藏书均空前繁荣。

根据沈括《梦溪笔谈》的记载，毕昇在北宋庆历年间（1041—1048）发明泥活字印刷术[3]，这比西方古腾堡发明的金属活字印刷术约早四百年。元代著名农学家王桢又改进活字印刷术，组织工匠刻制约三万个木活字，发明了轮转排字架，其印刷的《旌德县志》是目前发现的第一本汉文木活字印书。活字印

---

[1] 范晔：《后汉书》，李立、刘伯雨选注，山西古籍出版社，2005年，第171页。
[2] 曹之：《中国印刷术的起源》，武汉大学出版社，2015年，第341页。
[3] 沈括：《梦溪笔谈》，岳麓书社，2002年，第131页。

刷术发明后并未替代雕版印刷术而得到广泛普及。宋辽金元时期，随着雕版印刷术技术不断改进，元代时出现了朱墨套印技术。印本书在宋元时代成为主流，形成了坊刻本、家刻本、官刻本、书院本。印刷业的繁荣带动了这一时期藏书活动的兴盛。

明清时期，印刷技术得到进一步提高，明代开始使用铜活字和铅活字印刷书籍，明中叶后已经出现了线装本。近代以来，铅字印刷术、石印技术、机械印刷技术等陆续传入并发展，西方的译介、报刊开始出现，商务印书馆（1897）、中华书局（1912）等早期出版机构也纷纷成立，中国图书出版业日益繁荣，为近代社会阅读提供了有力保障。

中华人民共和国的成立开启了中华民族的新纪元，图书事业也迎来了崭新的发展前景。科技的发展促使印刷术再次飞跃，从20世纪50年代开始，印刷技术与电子技术、激光技术、信息科学及高分子化学等新兴科学技术成果融合，进入了现代化发展阶段。汉字激光照排技术的发明，使文字排版技术产生了根本性的变革。20世纪90年代，彩色桌面出版系统的推出表明计算机全面进入了印刷领域，数字印刷替代了传统印刷，出版业发展欣欣向荣。

当代科学技术的发展也带来了文献载体的变革，让文献载体朝着科技化、数字化、虚拟化方向发展。以电子文献为载体的阅读方式发展迅速，以传统纸质文献为载体的阅读方式受到挑战，移动阅读、数字阅读成为新兴主流，映衬着阅读文化发展继往开来的新局面。

三、古代藏书史与阅读环境的演变

中国古代藏书事业历史悠久、底蕴深厚，"藏书"一词最早见于《庄子·天道》所载"孔子西藏书于周室"[①]。古代文献形态伴随社会文明、科技发展不断演化，历经以原始文献载体和简帛为主的先秦两汉藏书，以写本书为主的魏晋南北朝藏书、隋唐五代藏书，以印本书为主的宋辽金元藏书、明清藏书。藏书事业与图书史、政治文化史等交相辉映，形成了具有中华文化特色的藏书历史。

总的来说，我国的古代藏书事业滥觞于商周时期的官府藏书，经两汉、魏晋南北朝、隋唐的发展，形成了以官府藏书、私家藏书、寺观藏书、书院藏书为核心的四大藏书体系，在宋元时期繁荣兴盛，最后在明清时期达到鼎盛，衰

---

① 庄周：《庄子》，岳麓书社，2016年，第69页。

落于清末时期和民国时期的战乱之中，最后被近代图书馆取代。虽然古代藏书系统随着封建王朝的谢幕也逐渐崩溃瓦解，但悠久的藏书事业留下了宝贵的文献基础和藏书、编目、校雠、阅读等理论，支撑着古代阅读活动的发展。藏书史反映了社会阅读环境的演变，成为研究古代阅读文化发展的主要方式之一。

（一）历代官府藏书制度下的阅读政治环境

一个时代的政治和文化政策对当时的阅读活动能起决定性作用，阅读政治环境带有深深的时代烙印和社会特征。历代官府藏书制度反映了统治阶级对文献收藏的重视及上层对文献传播、文化教育政策的导向，对民间藏书与阅读活动起到重要的示范与引领作用。随着封建社会的发展，官府藏书制度日益完善，官府藏书的发展十分活跃，虽然历代图书收藏的相关政策宽严有别，但阅读政治环境总体来说是逐渐宽松的，推动着古代社会阅读风尚形成。

根据甲骨和宗庙遗址等考古发掘成果，结合古籍记载可推测，夏商时期的宗庙内已有专门收藏刻辞甲骨等原始文献的处所，可以将其视作官府藏书的萌芽。《史记·龟策列传》有载："今高庙中有龟室，藏内以为神宝。"[1] 可知先秦已有专门的龟室收藏占卜所用的甲骨。周代史官已经开始进行文书的收藏，《史记》中也提到老子为周代守藏室之史。《左传》中也记载了盟府这一掌管文书的机构，如"国之典也，藏在盟府"[2]。周王室藏书处所还有策府、周府、公府等名称。春秋时期士族阶层的出现打破了"学在官府"的局面，突破了统治阶级的文化垄断，开启了学术大繁荣、文化大融合的百家争鸣，这一时期藏书活动不再是官府专属。从官学没落到私学兴起，学术下移让社会文化环境发生了改变，也推动了阅读政治环境的变革，藏书与阅读活动逐渐走向民间，成为有社会因素参与的文化活动。

秦始皇统一六国后，秦代官府藏书逐渐制度化，设置了多处宫廷和政府机构藏书。公元前213年，秦始皇采纳李斯的意见，颁布"挟书律"禁止民间藏书，私人藏书除医药、卜筮、种树之书外，其他多被焚毁。严苛的文化政策阻碍了民间藏书与阅读活动，但也有人冒险将典籍藏于山洞与墙壁之中，这一举动保存了部分民间藏书。西汉时，汉惠帝解除了"挟书律"，为民间藏书与阅读提供了良好的发展环境。东汉之后，虽然政权割据与战乱频繁，但已然形成了崇尚藏书、热爱读书的社会风气。当时私学兴盛，著作和图书编撰成果丰

---

[1] 司马迁：《史记：全6册》，光明日报出版社，2015年，第1519页。
[2] 王珑燕译注：《左传译注》，上海三联书店，2018年，第191页。

硕，极大地促进了社会藏书事业与阅读文化发展。

魏晋南北朝时期虽然政权混乱、社会动荡，但文风依旧盛行，佣书业繁荣，抄书成风，书肆发展迅速，这一时期官府藏书制度更加完备。我国古代中央政府设立的图籍收藏、管理和发现的机构是秘书省，这一名称最早出现在南北朝时期的萧梁。但古代掌管图书收藏编校的职官秘书监，最早可追溯至东汉桓帝时期，旋即被废。曹丕建魏时复设秘书监，在一定时期内秘书监也兼代机构与官职名称，这一制度一直延续至明初。魏文帝曹丕素爱文学，令人编《皇览》，藏于秘府。蜀国和吴国也分别设有东观作为官府藏书之处。西晋取代曹魏后接管了官府藏书，设置秘阁、兰台、崇文院，官藏制度基本沿袭曹魏。南北朝虽然长期处于政权分裂状态，但是各政权也基本设立秘书省管理图书。南朝官藏中最为兴盛的是梁朝，梁武帝雅爱书籍，在位期间广搜图书充实官府藏书。

隋朝继承了北周的藏书，也在征服其他政权时接管各地的书籍。秘书监牛弘向隋文帝上《请开献书之路表》，详述了前朝发生的"书厄"之祸，分析以往典籍聚散的原因，建议广泛搜集图书充实官府藏书。隋文帝杨坚准其奏，并制定了献书的奖励政策且在校订抄写后归还原书。之后民间纷纷献书，官府藏书日渐丰富。隋在京城大兴城建立秘书省（秘阁）、嘉则殿，在东都洛阳修建修文殿、观文殿，以供皇室藏书。隋炀帝好读书著述，即位后大力扩充秘书省官员队伍，并追求藏书数量之盛与藏书宫殿的华丽，史载观文殿前就有书室十四间，内部陈设装饰咸极珍丽。唐代接受前朝遗书并向社会广征图书，除设置了秘书省外，另设有弘文馆、史馆、崇文馆与司经局，以及皇室的重要藏书之处集贤殿书院。五代时期政权割据，官藏量较之唐代锐减，但是各政权仍坚持搜访与征集图书以充官藏。中主李璟与后主李煜皆重视图籍的收藏，使得南唐官藏一度超越其他政权时期，宫中图籍超过万卷，其中不乏珍藏。

北宋结束了五代十国的战乱分裂，以文治天下，十分重视官府藏书的建设，设有秘阁与崇文院（昭文馆、史馆、集贤院），宋人统称这些地方为"馆阁"。同时设置大学士为馆阁职务，任职选拔有严格的标准。宫廷藏书有太清楼、龙图阁、天章阁、保文阁、翰林书院等。宋朝初年时有书万余卷，通过征伐统一政权时又收集各国图籍，并下诏派遣使者求购图书，官府藏书日渐增加。仁宗时，诏令天下征访阙书，以补充官藏所缺的图籍。官府刻书发达也促进了"官刻本"的发展，国子监、崇文苑、秘书省等是北宋中央的刻书机构。北宋靖康之难使官藏遭遇浩劫，宫廷藏书尽数被掠夺北上并鲜有传世。南宋迁都临安（今杭州）后重建馆阁与秘书省，厚赏献书人，补写典籍、访求遗书。

两宋馆阁在藏书的利用上也很有特色，藏书可以在一定范围内公开借阅流通，为公私著述提供资料。同时也会编制朝廷藏书目录，重视藏书的校勘，提供正本便于出版，还制定了书库管理制度和定期曝书制度。

辽金元时期官府藏书在继承前代藏书的基础上也重视图书征集。辽朝设立了秘书监管理图书典籍，还设立乾文阁作为官府藏书的主要场所。金太祖重视典籍收藏，在伐辽时曾诏曰："若克中京，所得礼乐仪仗图书文籍，并先次津发赴阙。"[1] 金灭辽时尽收辽皇室藏书，后又掳掠北宋皇室藏书，设立秘书监征管图籍事宜。元灭金亡宋建立了版图辽阔的帝国，当时刻书业发达，官府藏书机构与刻印机构开始结合在一起。元代设秘书监管理藏书，并有经籍所作为印刷出版中心兼藏书之处，另设有兴文署、奎章阁、艺文监等藏书处。

1368年，明太祖朱元璋定都南京，接收了元代的皇室藏书。朱元璋即位之初便下诏求访遗书，并鼓励出版。洪武三十年（1397），朱元璋废除了自汉代伊始延续一千二百余年的秘书监职位，建立国家藏书管理机构翰林院。明代前中期皇帝皆较为重视宫廷藏书，陆续建立大本堂、弘文馆、文渊阁、东阁等庋藏图书。根据《明史·艺文志》记载，明宣宗时期的秘阁藏书大约有二万余部、近百万卷。[2] 但撤销秘书监一职后并不利于宫廷藏书的管理，明代宫廷藏书常常陷入无人专管的状态，藏书的日常事务也日渐混乱。明朝中后期，官藏系统又再分为宫廷与中央政府机构。到弘治、正德年间，宫廷藏书逐渐衰落。明清交替战乱之际，李自成在京仓皇称帝，西撤时焚烧宫殿使明代宫廷藏书被焚毁甚多。

1644年，清军入关，承袭了明代宫廷的藏书，并建立了完备的官府藏书系统，开启了古代官府藏书的辉煌时代，古代藏书事业迎来官府藏书的全盛时期。清代官府藏书以南北七阁为代表，并设有中央机构藏书处、地方官学藏书。七阁中的宫廷藏书为北四阁，即内廷文渊阁、圆明园文源阁、承德避暑山庄文津阁、盛京故宫文溯阁。如古代规模最大的丛书《四库全书》修成后有四份抄本分藏四阁，并设立了相应的管理职官。另有故宫天禄琳琅和武英殿、圆明园味腴书屋等也有宫廷藏书。南三阁具有公共藏书的作用，乾隆顾及江南为人文渊薮，下旨添抄了三份《四库全书》，修建扬州文汇阁、镇江金山寺文宗阁、杭州西湖圣因寺文澜阁用以存放，并向当地士子开放阅读。中央机构的藏书处，也有如编纂《四库全书》之处翰林院、清廷最高学府国子监等。地方官

---

[1] 转引自王明琦：《辽海文物考辨》，辽宁大学出版社，2000年，第204页。
[2] 张廷玉等修：《明史艺文志》，中华书局，1985年，第2343页。

学藏书，主要接收朝廷连续赐颁的图书。明清的官府藏书利用，除供皇帝和皇室成员、近臣阅览学习，也提供典籍供修撰编书用，而开放的江南三阁开始为社会文化和学术服务。

封建王朝的高度集权专制使阅读政治环境受到影响，如明代程朱理学、陆王心学流行，社会思想文化领域思想专制严重，而清代为巩固统治和禁锢人心，禁书和文化控制也常有，文字狱尤为严重。但随着数千年来文治教化的发展，即使处于封建专制思想的控制下，无论是统治阶级还是民间，都已形成了以藏书为乐、崇尚阅读的风尚，并促进了藏书理论成果与藏书学术的繁荣。藏书事业和阅读活动在封建社会后期呈空前兴盛的景象，为古代阅读文化的存续发展创造了思想与文化的摇篮。

（二）繁荣的私家藏书营造社会阅读氛围

春秋以前，藏书多集中于官府。西周灭亡后，东周（春秋）诸侯割裂，士族阶层的出现打破了既往学在王宫、官守其书的局面，统治阶级文化垄断的结束迎来了学术文化大繁荣的百家争鸣时期，中国古代在这时也进入了人类文明的"轴心时代"。春秋战国时期，宗室贵族、朝臣官吏、诸子藏书逐渐兴起。如孔子当时就广收典籍，并整理编纂，当作教材施教于弟子。老子、墨子、苏秦、惠施等也皆有藏书。《汉书·艺文志》中记录诸子学派著作，"凡诸子百八十九家、四千三百二十四篇"[①]。私家藏书这一藏书类型让阅读文化焕发了更强劲的活力。很多藏书家善读也善藏，将读书治学与藏书结合，推动了古代学术文化的发展。私家藏书的繁荣，在社会播撒了读书的思想种子，对保存中华典籍和延续文化脉络意义非凡，也营造了良好的社会阅读氛围。

东汉蔡邕主持镌刻了最早的官定儒家经本石刻——"熹平石经"，他的藏书总约一万卷以上，在中国私家藏书史上是第一个有明确文献记载藏书超过万卷的大藏书家。蔡邕之女蔡琰（字文姬）是中国藏书史上的第一个女藏书家。西汉末年，书籍的需求量大增，出现了专门卖书的市场——"书肆"。汉代许多藏书家编有藏书目录以便于查询，其中王俭《七志》、阮孝绪《七录》最具代表性，一直为后世推崇。藏书家也会利用藏书进行讲学和著述，藏用结合的思想使私家藏书也发挥了社会文化功能。两汉时期的书籍载体仍以昂贵的简牍和缣帛为主，往往也只有贵族与世家收藏，这也促使了手抄书方式的私家藏书得以兴起，同时促进了纸的发明与普及。

---

① 班固撰：《汉书艺文志》，颜师古注，商务印书馆，1955年，第40页。

东汉以后，由于时局动荡纷争，战争频繁，官府藏书屡遭厄运，私藏则充分发挥了补充作用。隋唐五代时期，皇室子弟、朝臣官吏、文人学者、僧侣等各阶级皆崇藏书之风气，可考的藏书家有一百余人。隋代牛弘曾得隋皇室赐书千卷，藏于城南别舍。唐代私家藏书事业进一步发展，出现了藏书世家，这些藏书世家的藏书数量也多在万卷以上。五代时期，洛阳等政治文化发达之地依旧有藏书家。隋唐藏书家在藏书致用方面各有千秋，或以藏书助学求功名，或是传教后世，或读书明志、求精神自娱等。宋代藏书理论与方法成果颇丰，有官修书目《崇文总目》，开展《太平御览》《太平广记》《文苑英华》《册府元龟》四大类书的编纂工作。宋代还出现很多著名私家著述，如晁公武的《郡斋读书志》、尤袤《遂初堂书目》、陈振孙的《直斋书录题解》、郑樵的《通志·校雠略》、程俱的《麟台故事》等，版本学理论在宋代逐渐形成。私家藏书活动的盛行极大地促进了社会文化繁荣，社会阅读氛围日益浓厚。我国私家藏书事业在宋元时期仍是方兴未艾，也为明清时期私家藏书的鼎盛开启了续篇。

1. 明代四大私家藏书楼

得益于宋元以来繁荣的刻书业，明代图书数量大增，私家藏书发展欣欣向荣。袁同礼曾概略"明初私家藏书，当以诸藩为最富。当时被赐之书，多宋元善本"[①]。除诸藩有自己的藏书之外，其他藏书家也极具规模。据不完全统计，明代藏书家已近千人。当时很多名臣文人都热衷于藏书，如宋濂、杨士奇、范钦、毛晋、钱谦益、祁承爜等都是著名藏书家。这些藏书家多是远见卓识之人，藏书范围广、藏书数量多，促使他们乐于修建藏书楼，勤于刊刻、热衷校雠编目更胜前朝，藏书理论得到快速发展，对清代藏书家启发良多。明代私家藏书楼以天一阁、绛云楼、汲古阁、澹生堂最具代表性。

嘉靖年间，兵部右侍郎范钦（1506—1585）在宁波创建了天一阁，这是我国现存的最古老的藏书楼，鼎盛之时藏书达七万余卷，清乾隆帝在全国建造的七阁均仿效了天一阁的建筑。范钦在建阁之初就确立严苛的藏书制度，范氏后人也谨遵藏书为子孙公有的约定，从而有效避免了书籍的流失和分散。但清中后期，藏书大量流失或失窃，直到新中国成立后，天一阁在政府的维护与管理下又重现生机。

绛云楼位于江苏常熟，为明末清初的学者与藏书家钱谦益（1582—1664）

[①] 袁同礼：《明代私家藏书概略》，载李希泌、张椒华编：《中国古代藏书与近代图书馆史料（春秋至五四前后）》，中华书局，1982年，第414页。

的藏书之所，有数十个大书柜。钱谦益不惜财力勤于收藏，且多藏珍善古本，惜书如命不肯外借，还将绛云楼藏书编成《绛云楼书目》。顺治七年（1650），绛云楼不幸遭火，藏书几乎尽毁。钱谦益在宋本《汉书》跋中痛心道："甲申之乱，古今书史图籍一大劫也；吾家庚寅之火，江左书史图籍一小劫也。"[①]

常熟还有一座著名藏书楼名为汲古阁，为明末清初著名藏书家毛晋（1599—1659）所建，因富藏宋元珍善本及精抄精刻书而闻名，藏书多达八万余册。毛晋不仅喜爱藏书，还勤于刻书，从明代万历末年到清代顺治的四十余年中刻书 600 余种，这些书籍对保存古代典籍、传承传统文化起了极大的推动作用。但毛晋死后毛家逐渐衰败，汲古阁的藏书与书版被转归他人或陆续转卖，书楼也未得留存。

绍兴的澹生堂，其主人为著名学者、藏书家祁承𤌇（1563—1628）。他一生搜集图书不遗余力，藏书达九千多种，约十万卷。他还将藏书编成了《澹生堂藏书目》，并撰有《澹生堂藏书约》《庚申整书略例》等著作。他提出的关于藏书、读书和鉴书等方面的观点对后世有着重要的借鉴与启发意义。到清康熙年间，祁氏家门没落，藏书逐渐散佚。

2. 清代四大私家藏书楼

清代私家藏书达到鼎盛，藏书家遍布南北，以江浙一带冠绝天下。据学者统计，清代确有文献记载藏书事实者就超过两千人。较为著名的有黄丕烈、黄宗羲、周仲涟、顾抱冲、袁又恺、瞿绍基、陆心源、杨以增、丁丙等。清代藏书楼蔚然壮观，反映了当时崇文聚书的社会风气。古代私家藏书传统经过历史传承积淀，在清末时期出现了皕宋楼、铁琴铜剑楼、海源阁、八千卷楼这四大藏书楼，这标志着古代私家藏书迎来了最后辉煌。

江苏常熟的瞿氏铁琴铜剑楼与江苏聊城的杨氏海源阁，有"南瞿北杨"之美称。铁琴铜剑楼因曾藏有古物一台铁琴和一把铜剑而得名，藏书十万余卷。瞿氏五代藏书，始于第一代楼主瞿绍基（1772—1836）。铁琴铜剑楼继承了常熟派藏书家好宋元刻本、抄本和稿本的传统。瞿氏在藏用原则上更加开放，瞿氏开放藏书楼，允许读书人士前往参观、阅览、校勘、传抄等。新中国成立后，第五代楼主瞿凤起秉承先父"书勿分散，不能守则归之公"[②] 的遗训，将历代艰辛递藏之心血化私为公，献书于国。

[①] 转引自叶昌炽：《藏书纪事诗》，王锷、伏亚鹏点校，北京燕山出版社，1999 年，第 271 页。
[②] 柳和城、宋路霞、郑宁：《藏书世家》，上海人民出版社，2002 年，第 135 页。

聊城的杨氏海源阁由杨以增（1787—1855）始建，历经四代，鼎盛时期藏书约近三十万卷。海源阁的出现打破了私人藏书基本集中于江苏浙江两省的格局，可谓汇集南北藏书之精华。杨氏还在典籍收集和保存、抄录和刊刻、鉴别和题跋，以及丰富和完善目录学等方面做出了许多重要贡献。[①] 可惜由于社会动荡，海源阁屡受战乱之苦，楼舍损毁，珍藏几乎散尽。

位于浙江湖州的皕宋楼，其主人陆心源（1834—1894）在江南因兵燹大量藏书散出时，大力搜罗宋元旧椠，并先后筑守先阁、皕宋楼、十万卷楼。皕宋楼之意为藏有两百宋版书，大有与黄丕烈的"百宋一廛"一较高下之意。陆心源藏书约有十五万卷，他利用藏书刊校古籍，致力著述。陆心源死后，其子陆树藩苦于保藏图书之难，最终将皕宋楼十万卷藏书售于日本岩崎氏静嘉堂文库，消息一出引得当时学人震惊、唏嘘叹惋。

杭州的八千卷楼，由藏书世家丁氏所创，经过丁申（1824—1887）与丁丙（1832—1899）兄弟的经营，藏书逐渐丰富。太平天国运动期间，杭州城破，丁氏藏书被扫荡一尽。虽然旧藏尽毁，又因战乱流亡奔命，丁氏兄弟仍不放弃搜集图书，还抢救、保存、补抄了因战乱散出的文澜阁《四库全书》。待时局稳定，丁氏又重新开始购书、藏书与刊书，之后又聚书数万卷。光绪三十三年（1907），两江总督端方购得八千卷楼的藏书，以此为基础成立了江南图书馆。

（三）书院藏书与寺观藏书广泛传播阅读风气

除主要的官私藏书外，古代书院藏书与寺观藏书也颇具特色，从而催生了带有文化教育性质与宗教色彩的阅读活动，让阅读风气在民间得到进一步传播，形成了古代社会独特的阅读文化风景。书院藏书与寺观藏书是在官私藏书体系形成后逐渐发展起来的，它们的形成代表着古代四大藏书系统的完整建立，这是古代藏书事业走向成熟的重要表现之一。四大藏书体系相互促进、互为补充，共同书写了灿烂的中华藏书史。

1. 书院藏书概况

随着社会文明进步，民众文化教育需求日益增长，民间书院在唐初开始出现。最早的书院如湖南石光山书院、陕西瀛洲书院等。此后，丽正书院、集贤书院也作为官府藏书、修书、出书的学术文化机构被设立。唐代有东佳书院聚书千卷、以资学者，邺侯书院则是藏书兼祭祀之所。五代时期的书院在战乱中

---

① 李勇慧：《聊城杨氏海源阁藏书研究》，山东大学硕士学位论文，2005年，第34页。

仍屹立求存，为无数寒门士子或治学之士提供研学之地。纵观五代书院的藏书记载，东佳书院绵延聚书育人之盛，窦氏书院藏书丰富，华林书院聚书万卷并设立厨廪，为四方游学之士提供读书安身之所。书院藏书有别于私家藏书的封闭性，其藏书可供师生借阅，具有公共性与开放性，为阅读普及、文化传承与学术研究提供了极为有利的环境。

宋代书院发展繁荣，总数超过七百余所，远多于唐五代时期不到百所的数量。北宋时期，政府会将国子监印书赐颁书院，如岳麓书院、白鹿洞书院、嵩阳书院都曾得到皇帝赠书。宋代著名的书院藏书楼有岳麓书院御书阁、白鹿洞书院云章阁、嵩阳书院藏书楼、明道书院御书阁、南阳书院尊经阁、丽泽书院遗书阁等。魏了翁创建的鹤山书院尊经阁藏书十万卷，为宋代书院之首。到宋代，书院已经成为学术传播、授业传道的重要场所，藏书规模逐渐扩大。元代虽以武力逐鹿中原，却也能文治天下，积极吸收接纳汉族文明，书院发展承南宋蓬勃之势。元代书院藏书规模远胜宋代，很多书院藏书都在万卷之上。著名的书院藏书楼有岳麓书院尊经阁、银川书院稽古阁、东庵书院藏书堂、南阳书院尊经阁、西湖书院尊经阁，更有盛者如蜀地草堂书院藏书达二十余万卷之多。

明代书院起初发展低迷，在正德年间开始逐渐得到重视，书院藏书也随之复兴，但远不如宋元时期的发展势头。明代崇正书院、徽山书院、东林书院、虞山书院等均建藏书楼。然而明代书院的藏书规模远不及宋元时期，可考的文献记载中藏书较多的书院也不过数万卷。清代对汉式书院在前期虽有所顾忌，但总体上仍是先抑后倡、积极引导的。清代书院的分布范围之广是历代所未有，东至台湾鹿港文开书院、南至海南澄迈天池书院、西为云南腾冲凤来书院、北有黑龙江齐齐哈尔卜魁书院，书院藏书也随之出现了空前的繁荣景象。朝廷对书院赐书频繁，如康熙曾四次颁赐图书于庐山白鹿洞书院，云南昆明五华书院曾受赐《古今图书集成》一部。书院藏书自唐始至清，迎来了浩大之势。政府的支持，加之社会重视与捐助，书院的刊刻与出版形成规模，都助推了清代的书院的繁荣。清代书院藏书已有成熟的管理体系，图书的征集、编目、借阅保管制度逐渐完备，至晚清时开放性特征更为明显。清代书院的藏书受西学思潮的影响逐渐与近代图书馆融通，成为古代藏书事业与近代图书馆相联系的桥梁。

2. 寺观藏书概况

寺观藏书作为一种特有的藏书类型，其兴衰受政治、社会、文化等因素影响较大。西汉哀帝时，佛教开始传入中国，魏晋时期佛教已在社会广泛传播。到南北朝时期已出现崇佛热潮，寺院林立，寺院藏经得到极大发展。佛教很早就随着丝绸之路传入敦煌，早在西晋初年即已建有寺庙，东晋年间，开始开凿石窟，形成了举世闻名的敦煌石窟。随着佛、道两家在隋唐的盛行，写经活动逐渐普及，经本数量大增，两教的大藏经也在隋唐基本定型。隋代的京师大兴善寺、江都宝台经藏、玄都观是主要的寺观藏书处。

宋元时期政权大多信佛崇道，佛教与道教藏书较发达。宋代已有译经活动，官私刊刻《大藏经》也常有。两宋寺院藏书更胜前代，仅杭州一地就可见寺院星罗棋布。金太宗信奉佛教，除上京设有天元寺、储庆寺、兴元寺等，各地寺院均有藏书。元代盛行佛教刻印与收藏，民间多有刊刻大藏经。道教在这一时期仍然活跃，各朝都兴建了道观，以收藏《道藏》为主。如宋代建茅山元符万宁宫、临安四圣延祥观等。金朝除中都大兴府的天长观和玉虚观，民间还有太虚观、长春宫等。虽然元初佛道斗争，道教也经历两次焚经之祸，但道教藏书总体上还是较为繁荣的。

明代的佛经收藏和刊刻都很兴盛，大同华严寺、贵阳大兴寺、五台山罗睺寺等均有藏经。明代朝廷曾刊印道教书籍广赐天下道观，北京白云观、苏州玄妙观、南京朝天宫、杭州火德庙都是当时著名的道观。清代皇帝笃信佛教，也多有兴建藏经阁、藏经楼等，山林名刹遍布，如北京妙应寺、扬州法华寺、贵阳黔灵山弘福寺等，寺院藏经十分盛行。当时文人在寺院藏经也渐成风气，如杭州灵隐寺有"灵隐书藏"，后有"焦山书藏"。寺观藏书随着各朝宗教兴衰曲折发展，这是其他藏书体系的重要补充，保存了大量的文化典籍，推动了古代宗教文化的发展，促进了中外民族文化的融合推广交流。

四、近现代以来的社会阅读风尚

（一）近现代阅读环境的曲折坎坷

晚清时期，阶级矛盾、民族矛盾激化，腐朽衰落的清政府危机重重。随着第一次鸦片战争爆发，中国历史进入了近代，中国逐渐沦为半殖民地半封建社会，社会各方面都发生了深刻变革。古代藏书逐步衰落，近代图书馆事业日渐兴起，近代阅读环境也随之变革。

鸦片战争的炮火震碎了清廷的大国幻梦，自西方列强为侵略中国发动的第一次鸦片战争起到八国联军侵华，加上太平天国运动、义和团运动等，绵延不绝的战火让清廷内外交困。覆巢之下，官私藏书更是难守，各大藏书楼难以为继，民间藏书、书院与寺观藏书随之式微，传统的藏书事业日渐衰落。西学东渐之风逐渐在社会蔓延，一些开明绅士开始宣传西方的公共藏书制度，也让古代藏书观念开始发生动摇。林则徐在当时率先翻译并介绍西方图书馆，在《四洲志》中将"Public Library"翻译为"公众书馆"。魏源《海国图志》、郑应观《盛世危言》都提到新式图书馆。19世纪50年代，《海国图志》传入日本，"Library"的中文译词"书馆"逐渐演变为日文"図書館"。1896年，《时务报》首次将"図書館"译作"圖書館"，之后"图书馆"一词在中国沿用至今。

清末时，出现了一些西方传教士创建的图书馆与教会大学图书馆，如1847年建立的"徐家汇天主堂藏书楼"，但它基本上不对中国普通民众开放。[①] 1849年，西侨社会在上海创办了"工部局图书馆"（1851年改称上海图书馆），当时对外一直使用英文名称 Public Library, S. M. C.，也仅对西方侨民服务。[②] 1871年，由英国牧师伟烈亚力创建的"亚洲文会北中国支会图书馆"，已经开始使用卡片目录分类等，但它也仅对会员开放。[③] 1874年，英传教士傅兰雅发起并成立了上海格致书院。[④] 格致书院藏书楼曾号称是第一所为华人读者谋便利的图书馆。[⑤] 教会大学是近现代西方基督教教会与传教士在华创办的高等教育机构，大多会设立图书馆，较著名的有圣约翰大学图书馆、燕京大学图书馆、上海沪江大学图书馆等。

1910年，"中国现代图书馆运动之皇后"韦棣华女士（Miss Mary Elizabeth Wood，1861—1931）在武昌文华大学创办了第一个美式公共图书馆——文华公书林。文华公书林作为中国第一个真正名实相符的新式公共图书馆和大学图书馆，面向文华大学师生及普通民众。1912年，通俗图书馆开始建立，后来也被称为民众图书馆。民众图书馆具有平等自由性与通俗活动性，从中心城市到边陲乡村都有设立，旨在为社会各阶层普通民众提供通俗读物和日常阅览服务，不拘泥于近代图书馆的管理制度与藏书类型限制。民众图书馆常常通过推行巡回文库、流动书车，设立图书代理处、实施通信借书或函借筒、张贴壁报

[①] 谢灼华主编：《中国图书和图书馆史》，武汉大学出版社，2011年，第244页。
[②] 胡俊荣：《西方传教士对中国近代图书馆的影响》，《图书馆》，2002年第4期，第88～91+85页。
[③] 胡俊荣：《西方传教士对中国近代图书馆的影响》，《图书馆》，2002年第4期，第88～91+85页。
[④] 胡俊荣：《西方传教士对中国近代图书馆的影响》，《图书馆》，2002年第4期，第88～91+85页。
[⑤] 胡俊荣：《西方传教士对中国近代图书馆的影响》，《图书馆》，2002年第4期，第89页。

等举措,把知识送到真正有需要但又不便来馆借阅的民众手中。民众图书馆的普及,为广泛的社会教育与社会阅读提供了便利,在启迪民智、文字教育、普及常识、思想开化等方面发挥着重要作用。

1912年至1927年的新图书馆运动使近代公共图书馆的观念进一步确立,社会各界新图书馆运动浪潮高涨,近代各类型图书馆体系基本建立,并完全面向普通民众,为民国阅读环境建设奠定了思想与物质基础。自新图书馆运动后,近代图书馆思想深入人心,公共图书馆、大学图书馆迅速发展,私人藏书、寺观藏书也在变革中延续。同时,民国各出版机构纷纷设立,出版业日渐繁荣。近代图书馆思想的传播与出版业的发展,促进了社会阅读开展,社会阅读环境也随着近代社会思潮的演进而变得更加开放。

七七事变后,战火侵袭了中国大部分地区,华北、华东、华中等地相继沦陷。日本帝国主义的侵略对我国的文化事业来说是一场浩劫,大批爱国志士和图书馆界前辈,肩负起保存文化、传承希望的历史使命,保中华典籍之万全,护文化事业之存续,陆续开展图书馆的内迁与西迁。动荡之中,民众阅读环境异常艰苦,却也难灭民族崇文尚读之星火。随着抗战胜利与新中国成立,出版界、图书馆事业得到恢复与发展,社会阅读环境逐渐稳定。

(二) 当代城市阅读境况与国民阅读现状

新中国成立后,社会阅读环境得到极大改善,社会文化事业得到快速发展。21世纪,综合国力的增强也使我国图书馆事业欣欣向荣,出版业蓬勃发展。国家统计局数据显示,2021年全国共有公共图书馆3217个,总流通72898万人次;出版各类报纸276亿份,各类期刊20亿册,图书110亿册(张),人均图书拥有量7.76册(张)。[①] 出版事业、图书馆事业与书香社会建设息息相关,阅读相关领域的繁荣发展也推动了当代阅读文化的建设。在出版界积极开展全民阅读优秀项目推介工作,总结推广全民阅读活动中涌现的新鲜经验、典型事迹及优秀组织形式,助推营造良好阅读氛围。各地公共图书馆新馆林立,专业图书馆、民族图书馆、中小学图书馆、民办图书馆、企业图书馆和党校图书馆等各种类型图书馆纷纷建立,且综合办馆水平显著提高,使其管理与服务各具特色。图书馆的现代社会职能进一步凸显,在公共服务、文化创新、传承文明、阅读推广、知识情报服务等方面展现独特的优势。2022年,

---

① 《中华人民共和国2021年国民经济和社会发展统计公报》,(2022-02-28)[2022-08-12], http://www.stats.gov.cn/xxgk/sjfb/zxfb2020/202202/t20220228_1827971.html。

首届全民阅读大会在北京召开，集中展现全民阅读活动的新方式、新形态，共同展望全民阅读未来的无限可能。

中国图书馆学会定期组织召开丰富多彩的全民阅读活动，召开全民阅读论坛。国家图书馆也充分发挥在全民阅读中的示范和引领作用，积极创新举措，成为各图书馆的表率。如2022年，国家图书馆和中国图书馆学会共同举办了"书籍 春风 还有你——国家图书馆2022年4·23世界读书日特别活动暨第十七届文津图书奖发布"[①]，向各地读者发出阅读邀请。全民阅读活动形成了由上而下、由点到面的开放式大格局。公共阅读服务水平逐年提高，除了各级公共图书馆，农家书屋、社区书屋、职工书屋等遍布全国各地，阅读服务机构规模不断扩大、数量持续增加，全民阅读服务网初具规模。随着现代信息技术与阅读活动的融合，社会阅读环境向着更加多元化、现代化发展，移动阅读、云端阅读、有声阅读等科技多元融合的阅读方式层出不穷。各省市的全民阅读工作稳步推进，各地全民阅读工作成果丰硕，也营造了极佳的当代阅读环境。现实社会发展印证了阅读的价值，也赋予阅读文化更多时代特征与发展机遇。

武汉与近代图书馆事业发展有着深刻的历史渊源。文华公书林是新图书馆运动的策源地、中国近代史上第一所真正意义的公共图书馆，私立武昌文华图书馆学专科学校是第一所独立的图书馆学高等专门学校，均在武汉创办。武汉多年来积极推进阅读文化建设，重视阅读服务设施建设，开展形式多样的阅读文化活动。全市建设多家城市书房，配备专职工作人员，提供优质阅读服务。市区设立多处24小时自助图书馆，各大实体书店林立。武汉还推出了市民共享的云上书房，上线"书香武汉"全民阅读综合服务平台，深耕武汉文化、传播阅读价值、服务全民阅读，通过整合武汉市域相关单位的数字化阅读资源，向读者开放海量电子图书、音频、视频等资源。多元共融、虚实结合的阅读服务，让更多市民能随时享受阅读时光。每年4月，武汉还会举办全民读书月，策划丰富多彩的主题活动，为市民打造一场贯穿全年的阅读嘉年华。

深圳拥有各级公共图书馆七百余座，被冠以"图书馆之城"。深圳多年来通过一系列文化战略、文化政策等促进阅读事业的发展，已然成为全民阅读工作的典范城市，是中国全民阅读的重镇。深圳的阅读文化建设是其城市文明的有力写照，如深圳书城中心城24小时书吧已经连续经营14年，是众多阅读爱

---

① 《书籍 春风 还有你——国家图书馆2022年4·23世界读书日特别活动暨第十七届文津图书奖发布》，（2022-04-23）［2022-08-12］，https://reader.gmw.cn/2022-04/18/content_35668027.htm。

好者的聚集地，成为深圳重要的文化名片。深圳自2000年起设立"读书月"，把全民阅读作为推进"文化立市""文化强市"的战略工程，为当地阅读文化发展注入了勃勃生机。深圳还成立了阅读联合会，推动城市阅读资源整合与共享，为全市各种阅读组织建机制、搭平台，培育多样化的品牌阅读活动，促使全民阅读活动制度化、常态化、普及化。2013年，联合国教科文组织特别授予深圳"全球全民阅读典范城市"的称号。

成都是历史文化名城、古蜀文明发祥地，近年来也积极探索全民阅读新举措，打造巴蜀阅读文化新格局。成都市龙泉驿区图书馆以"文旅融合"引领全民阅读新风尚，在全国4A景区洛带古镇的博客小镇上建设洛带分馆，与蔚然花海共建馆外服务点，配备一千余册书籍，打造"阅读+文旅+休闲"为一体的阅读基地，以湖光山色、人文美景赋能全民阅读，使景观与阅读互相辉映、相得益彰。成都市龙泉驿区图书馆"阅读大巴"于2017年正式启动，并针对不同服务对象选择流动阅读服务车上的书籍，打通公共阅读服务"最后一公里"。成都还开展了延时开放公共图书馆、夜间阅读体验等服务举措。在积极构建公共阅读服务体系方面，成都大力推进实体书店发展，吸引了众多连锁书店品牌入驻，实体书店数量迅速激增。成都已公布了两批"城市阅读美空间"，鼓励实体书店与公共图书馆的"馆店融合工程"，大力推进"城市阅读美空间"建设，让书香成都更具魅力。

此外，全国很多省市全民阅读工作都颇具成效。在吉林省，除数十家公共图书馆外，已有近万个农家书屋，社区阅读空间、实体书店数量可观，构筑了广泛覆盖省域的阅读阵地。浙江自古是人文荟萃之地，阅读文化延续至今活力依旧，全省图书馆、城市书房、实体书店、书院等各类阅读设施配套齐全，并兴建了很多农家书屋，阅读公共服务水平稳步提升。上海市的很多实体书店和上海图书馆一起打造"15分钟阅读服务圈"。内蒙古近年来大力建设草原书屋，实现行政村全覆盖，使草原书屋成为当地民众求知、求学、求文的大课堂，让广袤草原书香流韵。纵观全国，书声出城郭，文气满郊墟，无论是在城市还是在乡村，遍布的阅读服务公共设施绘出书香四溢的神州画卷。

2022年4月23日，中国新闻出版研究院发布第十九次全国国民阅读调查结果。调查结果显示："2021年，我国成年国民包括书报刊和数字出版物在内的各种媒介的综合阅读率为81.6%，较2020年的81.3%提升了0.3个百分点；图书阅读率为59.7%，较2020年的59.5%增长了0.2个百分点；数字化阅读方式（网络在线阅读、手机阅读、电子阅读器阅读等）的接触率为79.6%，较2020年的79.4%增长了0.2个百分点；人均纸质图书阅读量为

4.76本，高于2020年的4.70本；人均电子书阅读量为3.30本，高于2020年的3.29本。"[①] 虽然当代国民阅读水平总体呈上升趋势，但是国民阅读质量和阅读热情仍有待提升，如普遍存在的浅阅读现象和阅读的娱乐化、碎片化、快餐式及阅读推广活动参与度与主动性较低等问题，这些都是影响当代阅读文化发展的重要因素。

第三节　外国阅读文化情况

一、外国图书馆事业与阅读史

阅读史与图书馆史交织紧密，追溯外国图书馆事业发展沿革，从而了解不同地理环境、政治背景、地域文化中的阅读史发展异同，对把握世界阅读文化的发展规律与逻辑，充分借鉴世界阅读文化建设经验有着重要意义。以西方图书馆发展为代表的外国图书馆事业发展史，从两河流域孕育的古代文明开始，经历中世纪、文艺复兴、资产阶级革命等重大历史变革，展现了图书馆事业与阅读文化在世界各国的独特历程。

（一）图书馆的出现与古代阅读的萌芽（5世纪以前）

在外国古代文明创造了楔形文字、象形文字等早期文字形态后，最初的文献收藏与整理活动慢慢出现。而这一时期，原始的文献载体以泥版书、纸草纸、羊皮纸卷为主。古代图书馆与档案馆往往是合为一体，之后才逐渐发展为具有独立意义的图书馆。

两河流域是人类文明的发源地之一，位于幼发拉底河与底格里斯河流域，又称美索不达米亚平原。公元前三千年左右，奴隶制国家在美索不达米亚平原陆续出现，苏美尔人创造了楔形文字，并将泥版作为文字载体，形成泥版文书。19世纪末，美国考古学家在两河流域发现了约公元前三千年的尼普尔神庙图书馆，在神庙废墟中找到许多泥版文书，这是可推测的最早图书馆之

[①] 《第十九次全国国民阅读调查结果公布——2021年我国成年国民综合阅读率为81.6%》，(2022-04-25) [2022-08-13], http://www.gov.cn/xinwen/2022-04-25/content_5686980.htm.

一。① 公元前 7 世纪，一所真正的"古代图书馆"由亚述国王巴尼拔在首都尼尼微修建而成。这是古代最大的图书馆之一，考古学家在此处陆续发掘出大约三万多块泥版文书，泥版文书均有识别标志，载有藏书的室别、陶罐所在，可见尼尼微图书馆已经开始对泥版文书进行管理。②

埃及的象形文字最早可追溯到公元前三千年左右，现今留存的古埃及文献以纸草纸为主要载体。美国图书馆史专家理查逊认为埃及早在古王国时期已经有了王室图书馆。古希腊历史学家狄奥多洛斯编纂了一部《历史丛书》，其中提到第十九王朝的拉美西斯二世（约公元前一千三百年）在都城底比斯建立了一座图书馆，被称为"神圣图书馆"，藏书大约两万卷之多，该馆入门处有一碑文，上面刻有"拯救灵魂之处"等字样。③ 古埃及时期有些寺院也作为医疗中心，因此当时的寺院藏书室可以看作早期的医学图书馆。在古埃及，权贵阶层和富商也拥有私人图书馆或档案室，例如在底比斯曾发现一个藏有几十卷纸草纸的家族文书库。④ 到公元前三百余年，埃及被希腊人占领，其后数百年，埃及的文化逐渐被希腊化了。

希腊化是亚历山大大帝征服诸国后，希腊语言与文化在各国传播的时期，历史上把这段时期称为"希腊化时代"。公元前 4 世纪到公元前 1 世纪是希腊文化的极盛时期，当时的文献载体逐渐从泥版书过渡到了纸草书。公元前 4 世纪，各哲学流派在雅典产生的时候，希腊开始出现名副其实的私人图书馆。从柏拉图创建的"柏拉图学园"的相关记载来看，柏拉图应该拥有很大的私人图书馆。而亚里士多德建立的"莱西乌姆学园"是当时著名的私人图书馆，拥有数百纸草纸。希腊化时代著名的亚历山大图书馆由托勒密一世始建，公元前 300 年左右建成，是希腊化时代最大的古代图书馆，极盛时期藏书逾五十万卷。亚历山大图书馆及其附属学院吸引了众多学子，他们从各地而来齐聚亚历山大，使其成为希腊知识与文化的新中心。亚历山大图书馆的黄金时期延续了两百年左右，约 4 世纪末因战乱损毁消亡。另一座帕加马图书馆在希腊化时代同样享有声望，帕加马的几代国王都热衷于扩充图书馆的规模，终于使其成为仅次于亚历山大图书馆的著名图书馆。经过希腊化时代，古希腊文化遗产与思想通过图书馆传给了古代罗马人。

古罗马的图书馆在历史上也有盛名。公元前 40 年，波利奥为实现恺撒

---

① 杨威理：《西方图书馆史》，商务印书馆，1988 年，第 4~6 页。
② 杨威理：《西方图书馆史》，商务印书馆，1988 年，第 6~8 页。
③ 杨威理：《西方图书馆史》，商务印书馆，1988 年，第 11~12 页。
④ 陶静：《古代埃及文明与图书馆》，《河南图书馆学刊》，2004 年第 24 卷第 2 期，第 91~93 页。

"建立一所可与亚历山大图书馆媲美的大图书馆"的遗愿,开始在阿波罗神庙建立图书馆,这是罗马第一座公共图书馆。[①] 屋大维统治期间建立了两座大型图书馆,一所以奥太维亚(屋大维之妹)命名,另一所建于帕拉丁山的阿波罗神庙内。[②] 罗马最大的图书馆是114年图拉真皇帝在罗马广场上建立的额尔比安图书馆,馆内收藏拉丁文和希腊文图书,藏书共约三万卷。[③] 到5世纪,罗马已经建成近三十所公共图书馆。[④] 罗马富有人家的私人图书馆在当时尤为盛行,私人图书馆也是当时学者进行学术交流和文化探讨的重要场所,图书馆也成为帝国时代私人和国家富裕的标志。

(二) 中世纪图书馆推动社会阅读(5—15世纪)

西罗马帝国灭亡后,封建割据战争频繁,宗教思想禁锢明显,科技和生产力发展停滞,欧洲文明史进入了发展较缓慢的时期,后来将这一时期称为中世纪。中世纪图书馆有着强烈的宗教色彩,当时建立了很多修道院图书馆与大教堂图书馆。15世纪,教皇尼古拉斯五世受人文主义的影响,重建了具有代表性的罗马教廷图书馆——梵蒂冈图书馆,并不遗余力地扩充馆藏。梵蒂冈图书馆保存了大批宗教类的典籍,作为一座西方著名图书馆一直保存至今。修道院图书馆对藏书管理甚严,为防止盗窃,馆内的图书大多带有枷锁,由此逐渐形成了读书台制、座位制和读书间制。在没有印刷业的中世纪,图书馆抄写图书增加副本蔚然成风,精致华丽的书籍装帧也陆续出现。

中世纪时期,各国的皇室与贵族都乐于兴建图书馆。日本设立了梦殿、芸亭等文献收藏机构,一些贵族也设立了私人图书馆。[⑤] 朝鲜的高丽王朝设置了中央的清燕阁、西京的修书院等,这些藏书机构都有藏书楼性质。[⑥] 法国的皇家图书馆可以追溯至13世纪,历代统治者把各国的图书作为战利品带回充实皇家图书馆,弗朗斯瓦一世颁布了世界上最早的呈缴本法。[⑦] 意大利统治者美第奇家族历代重视图书收集,由米开兰琪罗设计的美第奇-罗伦佐图书馆就为收藏该家族藏书而建造。[⑧] 私人藏书家对图书的热爱也体现在为藏书活动著书

---

① 杨子竞:《外国图书馆史简编》,南开大学出版社,1990年,第14~15页。
② 杨子竞:《外国图书馆史简编》,南开大学出版社,1990年,第15页。
③ 杨子竞:《外国图书馆史简编》,南开大学出版社,1990年,第15页。
④ 杨子竞:《外国图书馆史简编》,南开大学出版社,1990年,第15页。
⑤ 勒纳:《图书馆的故事》,浓英、马幸译,北京时代华文书局,2014年,第69~70页。
⑥ 杨子竞:《外国图书馆史简编》,南开大学出版社,1990年,第45页。
⑦ 杨威理:《西方图书馆史》,商务印书馆,1988年,第99~100页。
⑧ 杨子竞:《外国图书馆史简编》,南开大学出版社,1990年,第52~55页。

立说上。13世纪，法国福奈维尔家族的理查德写了《藏书家》，描述了一座"图书花园"的情况。① 14世纪，英国著名藏书家伯里撰写了《热爱图书》，介绍如何收集与管理图书。② 文艺复兴的先驱学者彼得拉克、薄伽丘、瓦拉等均有自己的私人图书馆。

10世纪开始，世俗学校开始出现并逐渐发展为综合型大学。13世纪之后，西方大学兴起，师生对图书的需求使大学图书馆逐渐成立与完善，大学图书馆藏书主要源自社会和校友的捐赠，藏书用铁链或木箱进行保管，馆内管理方式与修道院相似。③ 大学图书馆主要为师生服务，允许阅览和外借，图书使用率远高于当时的修道院图书馆，这在一定程度上打破了基督教的文化垄断。中世纪的大学图书馆促进了图书的利用与流通，让人类文化知识发挥了作用，也让社会阅读逐渐在民众中普及。

（三）近代图书馆事业兴盛与阅读文化传播（16—20世纪中期）

14世纪开始的文艺复兴逐渐席卷欧洲，宗教改革与启蒙运动极大地解放了人类思想。同时，中国印刷术的西传推动了出版业的繁荣，进一步促进了社会文化发展。受中国活字印刷术的影响，1450年前后，谷登堡受中国活字印刷的启示，用铅、锡、锑的合金初步制成了活字版，用油墨印刷，为现代的金属活字印刷奠定了基础。④ 据记载，最早的印刷图书是《谷登堡圣经》。⑤ 随着资本主义浪潮冲破封建宗教的文化枷锁，西方图书馆逐渐摆脱宗教禁锢的限制，从封闭的修道院与大教堂走向更加开放的社会空间。世界政治文化环境的改变推动了各种新兴哲学思想与科学技术出现，世界的图书馆事业进入了新的历史发展阶段，阅读文化也朝着更加现代化和开放化的方向发展。

16世纪下半叶，法国、西班牙等地出现了由君主和诸侯经营的"巴罗克"图书馆，这种图书馆以建筑和设施的豪华、浮夸为特色。⑥ "巴罗克"图书馆废除了中世纪以来盛行的读经台式的管理方式，创造了墙壁式管理方式，在图

---

① M. H. 哈里斯：《西方图书馆史》，吴晞、勒萍译，潘永祥校，书目文献出版社，1989年，第127页。

② M. H. 哈里斯：《西方图书馆史》，吴晞、勒萍译，潘永祥校，书目文献出版社，1989年，第128页。

③ M. H. 哈里斯：《西方图书馆史》，吴晞、靳萍译，潘永祥校，书目文献出版社，1989年，第114~116页。

④ 杨威理：《西方图书馆史》，商务印书馆，1988年，第107~108页。

⑤ 杨威理：《西方图书馆史》，商务印书馆，1988年，第108页。

⑥ 杨威理：《西方图书馆史》，商务印书馆，1988年，第122~123页。

书馆内部设置了又宽又高的大厅,周围摆满书架,因此也被称为"大厅图书馆"。西班牙的艾斯库略宫尔图书馆(1567)是最早采用墙壁式排架法的图书馆。[①] 图书馆内部藏书结构和阅读空间的变化也象征着早期图书馆从封闭走向开放的一种过渡形式。随着图书面向更多人开放与流通,普通民众逐渐获得更多阅读权利。

17世纪开始,国家图书馆在英法德等国家率先出现,到19世纪美国、瑞士、日本、印度等国家都先后建立了国家图书馆。在早期的国家图书馆中,1753年创建的英国不列颠博物馆图书馆(大英图书馆前身)在当时极具代表性,该馆由斯隆爵士、哈利家族和柯顿家族三大私人图书馆组成早期藏书基础。帕尼齐在不列颠博物馆期间(1831—1866),将不列颠博物馆图书馆打造成了优秀的国家图书馆,使其成为当时世界上最大的图书资料中心。他制定了图书著录条例,修建了世界闻名的圆顶阅览室和铁质书库,被后人誉为"图书馆员的拿破仑"。[②] 马克思、列宁、孙中山、萧伯纳等著名人士都曾在不列颠博物馆图书馆阅览书籍。

1731年,富兰克林在美国费城创立了会员图书馆,这种图书馆由会员共同出资购入书籍建立,会员可以借书、提出图书采购要求等。英国最有名的会员图书馆是伦敦图书馆,是著名文学家、历史学家卡莱尔在1841年联合当时社会的知名人士共同建立的。[③] 18世纪末到19世纪,会员图书馆在英美盛极一时,许多会员图书馆还兼具学术研究中心、会议交流场所、俱乐部等功能。20世纪后,一度风行的会员图书馆逐渐被新生的公共图书馆代替,会员图书馆也被看作近代公共图书馆的雏形。

第二次世界大战结束后,世界各国向着工业社会、信息社会等更高级的方向延伸,推动了图书馆事业现代化进程。多种文献载体形式出现,出版物数量急速增加,图书馆馆藏结构、服务手段、技术手段都在发生极大变革。世界图书馆事业在现代社会持续面临着新技术和新观念的巨大影响与挑战,催生了图书馆的新业态和新趋势。最为显著的变革是实体图书馆的单一形态已被数字化等新兴概念突破,数字图书馆在世界范围内得到了广泛实践。1971年,美国的古腾堡计划是全球最早的数字图书馆计划,以鼓励电子书的创建与发布为原始使命。[④] 2005年,美国国会图书馆与联合国教育科学文化组织合作推出了

[①] 杨威理:《西方图书馆史》,商务印书馆,1988年,第124~125页。
[②] 杨威理:《西方图书馆史》,商务印书馆,1988年,第157~163页。
[③] 杨威理:《西方图书馆史》,商务印书馆,1988年,第191页。
[④] 郭晓红:《图书馆管理与服务创新研究》,吉林科学技术出版社,2020年,第69页。

"世界数字图书馆计划",该计划的目的是保护全世界的文化遗产,让全世界的公众平等、免费地共享全人类的精神财富,并提高发展中国家建立数字图书馆的水平,最终促成各文化背景人群间的了解,并建立全球的数字资源。[①] 其他具有代表性的数字图书馆项目还有全球数字图书馆、谷歌图书搜寻、开放内容联盟、欧洲数字图书馆等,世界范围内阅读方式都发生着颠覆性改变。

回顾历史,虽然在世界图书馆历史中,不同时代、不同国家或地区的图书馆事业与阅读文化都各有差异与特色,但是各国对图书馆的重视,对社会阅读的关注几乎一致。外国古代著名图书馆几乎都曾毁于社会动荡与战火硝烟,时局动乱而造成的典籍聚散也时有发生。但每当社会秩序有所恢复,又会有无数有识之士开始重建图书馆、保藏典籍,恢复社会阅读环境,延续阅读文化,展现了世界阅读文化绵延不绝的生命力。

二、部分国家的阅读文化实践

以色列是被公认为最有阅读传统的国家之一。根据联合国教科文组织的调查数据,以色列人均拥有图书馆数量位居世界前列,平均每 4500 人就拥有一座图书馆,年人均图书阅读量也遥遥领先,超过 60 本。[②] 阅读不仅是社会文化教育发展、人才培养的重要手段,也有利于提高整个民族的整体素质,助推民族竞争力和影响力的提升。

18 世纪末,德国开展了长达 25 年之久的"阅读革命",以中产阶级为代表的读者群体迅速发展,图书出版业、图书馆业伴随着国民阅读的活跃也迅速发展,全民阅读如火如荼。德国当代的阅读文化迈向了崭新的阶段。德国有很多面向青少年和儿童的全国性阅读推广项目,例如"起跑线工程""阅读测量尺方案""阅读童子军计划"等。这些阅读推广项目具有亲子互动性,将学校阅读推广、家庭教育、社会阅读有机联系起来,在阅读文化传承中也提升了成人的阅读推广质量。[③] 法兰克福和莱比锡是德国图书出版业的中心,其中法兰克福图书展览会是世界上规模最大和最具影响的图书界盛会。同时德国的图书馆事业也十分发达,各地图书馆林立,偏僻的乡村小镇都设有图书馆和阅读中

---

① 程蕴嘉:《全球数字图书馆计划现况与发展》,《图书馆学研究》,2009 年第 10 期,第 9~12 页。
② 聂震宁:《国民阅读的状况与全民阅读的意义》,《现代出版》,2015 年第 1 期,第 5~10 页。
③ 刘进:《德国阅读文化对提升我国国民阅读质量的启示》,《新世纪图书馆》,2021 年第 3 期,第 65~68+80 页。

心，民众阅读非常便利。① 德国有 200 多个从事阅读推广的组织和机构，其中最著名的是成立于 1988 年的促进阅读基金会，历届德国总统都担任该基金会的名誉主席。②

英国的阅读文化在中世纪受到宗教文化的制约，社会文化活动几乎被贵族所垄断。当时人们以阅读拉丁文《圣经》、神学、哲学类图书为主，阅读的著作大多都充满神话色彩和宗教色彩。随着文艺复兴和宗教改革运动的兴起，阅读文化的发展推动了图书出版制度的变革，而图书出版制度的变革又进一步解放了阅读文化，英国的阅读文化日渐繁荣。在英国的巴士、地铁、广场等公共场所都能看到阅读的公民。每年的世界读书日，英国的学校、图书馆、书店等都会举办丰富的庆祝活动，传递阅读精神。英国阅读协会还举办了"世界读书夜"等活动，鼓励成年人在下班后的夜间能进行阅读、思考和分享。③

美国阅读文化建设得到了社会各界的支持，特别是有相关政策、法案、规定等的保障。美国的全民阅读多年来形成了以美国图书馆协会为主导、民间组织自发参与、社会组织积极响应的多元支撑格局。美国时任总统里根将 1987 年定为美国的"读书年"。④ 美国先后推出了卓越阅读方案（Reading Excellence Program）等项目。⑤ 2002 年，美国通过了《不让一个孩子掉队法》，关注儿童基本阅读能力的提高。⑥ 美国时任总统克林顿在 2006 年实施了"美国读书运动"，旨在帮助每名美国儿童在 8 岁前学会阅读。⑦ 美国先后推出了美国阅读挑战、大阅读计划等项目，推动阅读推广的全面展开，有效地提升了大众阅读意识。美国民众也积极参与阅读活动，奥普拉读书俱乐部的推荐书目得到读者追捧，美国的图书馆和社区经常举办书友聚会，人们可以在一起交

---

① 陈嘉慧：《英国"世界读书夜"阅读推广活动研究》，《图书馆研究》，2017 年第 47 卷第 2 期，第 89~92 页。

② 张新杰：《国外阅读推广的实践经验分析及启示》，《南阳理工学院学报》，2017 年第 9 卷第 1 期，第 114~116 页。

③ 陈嘉慧：《英国"世界读书夜"阅读推广活动研究》，《图书馆研究》，2017 年第 47 卷第 2 期，第 89~92 页。

④ 张新杰：《国外阅读推广的实践经验分析及启示》，《南阳理工学院学报》，2017 年第 9 卷第 1 期，第 114~116 页。

⑤ 张新杰：《国外阅读推广的实践经验分析及启示》，《南阳理工学院学报》，2017 年第 9 卷第 1 期，第 114~116 页。

⑥ 张新杰：《国外阅读推广的实践经验分析及启示》，《南阳理工学院学报》，2017 年第 9 卷第 1 期，第 114~116 页。

⑦ 张新杰：《国外阅读推广的实践经验分析及启示》，《南阳理工学院学报》，2017 年第 9 卷第 1 期，第 114~116 页。

流阅读心得、谈论阅读计划等。[1]

俄罗斯的全民阅读得益于俄罗斯读书基金会、俄罗斯图书联盟、俄罗斯阅读中心的共同努力，使阅读文化在全民得到广泛普及。莫斯科的地铁阅读文化颇有特色，莫斯科地铁在2008年设立了"名著专列"列车，每节车厢提供不同的阅读主题，打造了独具风格的移动式阅读宣传阵地。[2] 俄罗斯首都莫斯科每年都会举行盛大的"红场图书节"，举办座谈、朗诵、展览、新书发布和行业讨论会等。俄罗斯也颁布了一系列法律政策来保障阅读，例如2006年的《国民阅读扶持与发展纲要》就从机构分工、发展方案、管理方式、统一机构、评价体系五个方面阐述了俄罗斯全民阅读发展的基本原则和相关规定。[3]

新加坡非常重视通过阅读提升国民素质，新加坡学生的阅读素养也一直位居全球前列。新加坡的阅读推广工作主要由国家图书馆管理局、国家书籍发展理事会、图书传播机构承担，它们在社会中开展各类阅读推广活动。其中以"读吧！新加坡（Read! Singapore）"活动为典型代表，这项活动自2005年开始，主办方每年根据一个特定的主题选出一些文学作品，通过举办读者见面会、阅读分享、戏剧表演等多种形式，推动全社会的民众一起来阅读所选书籍，以此提高国人的阅读热情和阅读能力。[4] 新加坡在每隔一个月的第三个星期五举行读书会，读者可以推荐具有较强新加坡风味的阅读书目，很多有共同文学兴趣的读者聚集在一起阅读和交流。新加坡也十分重视推动儿童和青少年阅读，新加坡的"儿童启蒙阅读计划"是一项全国性的运动，希望通过该项目促进儿童养成爱读书的好习惯。新加坡教育部也鼓励中学生和大学生负责学校附近小学的阅读俱乐部，使青少年在这种阅读志愿者实践活动中养成良好的阅读习惯。

三、世界图书与版权日

每年的4月23日为世界图书与版权日（也称"世界图书日""世界读书

---

[1] 张新杰：《国外阅读推广的实践经验分析及启示》，《南阳理工学院学报》，2017年第9卷第1期，第114~116页。
[2] 彭乃珠、钟永恒、赵蕾霞：《国内外地铁图书馆实践及思考》，《图书馆学研究》，2015年第20期，第11~14页。
[3] 王春梅：《俄罗斯国民阅读推广经验对我国的启示》，《出版广角》，2016年第5期，第92~94页。
[4] 袁家莉：《由"读吧！新加坡"探讨我国高校图书馆的阅读推广》，《新世纪图书馆》，2014年第7期，第30~33页。

日"），是为宣传书籍和阅读而设立的，鼓励人们享受阅读书籍的快乐，并通过阅读沟通过去和未来。4月23日是一个拥有特殊意义的日期，数位著名作家如莎士比亚、塞万提斯、德拉维加都在这一天逝世。这个日期的设置也源自西班牙加泰罗尼亚地区的"圣乔治节"。关于这个节日还有一个传说：美丽的公主为恶龙所困，勇士乔治战胜恶龙解救了公主，公主回赠给乔治的礼物是一本书，图书成为胆识和力量的象征。每当4月23日的"圣乔治节"时期，加泰罗尼亚地区的居民就有相互赠送玫瑰和图书的习俗。

1982年，联合国教科文组织提出了"走向阅读社会"的号召，制定了一个以实现"阅读社会"为新目标的新项目。[①] 1995年，国际出版商协会提出"世界图书日"的设想，并由西班牙政府将方案提交联合国教科文组织。[②] 1995年11月，在巴黎举行的联合国教科文组织大会正式确定每年4月23日为"世界图书和版权日"，希望世界范围内都能在这一天表达对书籍及其作者的敬意，鼓励人们阅读。[③] "世界读书日的主旨宣言为：'希望散居在全球各地的人们，无论你是年老还是年轻，无论你是贫穷还是富有，无论你是患病还是健康，都能享受阅读的乐趣，都能尊重和感谢为人类文明作出巨大贡献的文学、文化、科学思想大师们，都能保护知识产权。'"[④]

自"世界图书与版权日"确定以来，目前已有超过100个国家和地区参与进来。很多国家都在世界读书日这一天或前后一段时间内开展庆祝活动，图书馆、出版社、书店、学校、社区等机构都会积极合作，开展丰富多彩的阅读主题活动，传播阅读精神、推广阅读文化。"世界图书与版权日"也会拟定一些主题，如2009年是"让我们在阅读中一起成长"，2010年是"让我们一起走向阅读社会"，2012年是"阅读，让我们的世界更丰富"，2013年为"拥抱春天　追逐梦想"，2014年是"地球与我"等。[⑤]

---

① 刘亮：《联合国教科文组织的阅读推广活动与图书馆》，《图书与情报》，2011年第5期，第36~39页。
② 刘亮：《联合国教科文组织的阅读推广活动与图书馆》，《图书与情报》，2011年第5期，第36~39页。
③ 刘亮：《联合国教科文组织的阅读推广活动与图书馆》，《图书与情报》，2011年第5期，第36~39页。
④ 《世界读书日介绍》，（2013-06-16）[2022-08-13]，https://lib.jnmc.edu.cn/2013/0616/c707a10849/page.htm。
⑤ 《历年世界读书日主题》，（2016-04-11）[2022-08-13]，https://www.liuxue86.com/a/2754870.html。

四、"世界图书之都"与阅读文化传播

(一)"世界图书之都"项目

"世界图书之都"项目启动于2001年,评委会每年会评选一座城市以"世界图书之都"之名庆祝和传扬人类的图书事业。该项目被公认为全世界图书与阅读最成功的项目,旨在表彰城市在支持图书领域和阅读文化上所做的贡献。"世界图书之都"项目由联合国教科文组织发起,负责提名的咨询委员会由联合国教科文组织(UNESCO)、国际出版商协会(IPA)、国际图书馆协会和机构联合会(IFLA)、国际作家联合会(IAF)的代表组成。当选城市将于当年的4月23日至次年的4月23日享有该称号,并在这一年内举办与图书、阅读、图书馆相关的主题庆祝活动,为全球其他城市树立榜样,也可以为其他城市的阅读文化建设提供灵感。联合国教科文组织每年都会发布申报的通知和要求,各城市可以通过联合国教科文组织官方网站进行申报。根据项目评选规则,因考虑到世界所有地区依次轮流提名问题,评委会将避免来自同一地区的城市连续被提名。

现代城市竞争不再只是经济领域的竞争,也是文化领域的竞争。"世界图书之都"的当选城市虽然没有任何经济奖励,但这一荣誉是对该城市在图书出版、阅读文化、知识产权保护等领域做出的努力和获得成果的高度认可,彰显了城市文化的"软实力",提升了城市的国际知名度与影响力。"世界图书之都"当选城市的各项阅读活动和政策,能从侧面促进市民提升文化素质,提高该城市市民的荣誉感和文化归属感。因此,了解"世界图书之都"(表1-1),学习历年当选城市的先进经验,有利于各个城市打造更优秀的阅读文化,提升城市文明水平、丰富城市文化内涵。

表1-1 历年"世界图书之都"当选城市

序号	年份	城市(所属国家)
1	2001	马德里(西班牙)
2	2002	亚历山大(埃及)
3	2003	新德里(印度)
4	2004	安特卫普(比利时)

续表1-1

序号	年份	城市（所属国家）
5	2005	蒙特利尔（加拿大）
6	2006	都灵（意大利）
7	2007	波哥大（哥伦比亚）
8	2008	阿姆斯特丹（荷兰）
9	2009	贝鲁特（黎巴嫩）
10	2010	卢布尔雅那（斯洛文尼亚）
11	2011	布宜诺斯艾利斯（阿根廷）
12	2012	埃里温（亚美尼亚）
13	2013	曼谷（泰国）
14	2014	哈科特港（尼日利亚）
15	2015	仁川（韩国）
16	2016	弗罗茨瓦夫（波兰）
17	2017	科纳克里（几内亚）
18	2018	雅典（希腊）
19	2019	沙迦（阿拉伯联合酋长国）
20	2020	吉隆坡（马来西亚）
21	2021	第比利斯（格鲁吉亚）
22	2022	瓜达拉哈拉（墨西哥）
23	2023	阿克拉（加纳）
24	2024	斯特拉斯堡（法国）

资料来源：笔者根据资料整理后绘表，主要参考资料有《世界图书之都》，（2022-01-13）[2022-08-13]，https://baike.baidu.com/item/%E4%B8%96%E7%95%8C%E5%9B%BE%E4%B9%A6%E4%B9%8B%E9%83%BD。陈璐：《"世界图书之都"：致力于创造阅读文化》，《中国文化报》，2022年8月10日，第4版。

（二）"世界图书之都"当选城市简况

1. 马德里

世界图书与版权日最初源于西班牙的"圣乔治日"，而西班牙首都马德里也获评了 2001 年"世界图书之都"。马德里是一座文化名城，市内名胜古迹众多，文化艺术气息浓厚。西班牙的出版物销售大约一半都在马德里，该市的图书事业在全国有着举足轻重的地位。马德里人也热爱阅读，许多乘地铁的人手里都拿着一本书或一张报纸。在"世界读书日"里，马德里庆祝活动的主题是"我送你一本书"，人们把书作为礼物互相赠送。马德里的一百余家图书馆、书店及其他文化机构都会参加"图书之夜"活动，因为在"世界读书日"这天，这些书店、图书馆等全天开放，直到次日凌晨才会关闭。

2. 亚历山大

亚历山大是埃及的第二大城市和最大的港口，这里有古城卡诺珀斯遗迹，古代遗迹庞贝柱也引人注目。公元前 332 年，亚历山大大帝以自己的名字命名了这座城市。在托勒密王朝时期，亚历山大这座城市盛名远播、学者名人荟萃。[1] 亚历山大这座城市 2002 年获评"世界图书之都"的重要原因是曾经坐落于此的亚历山大图书馆（Library of Alexandria）。亚历山大图书馆曾经是世界上最大的图书馆，由埃及托勒密王朝的国王托勒密一世在前 3 世纪建造，在当时是世界著名的文献中心、文化中心和学术交流中心，吸引了无数学者前往，成为地中海沿岸文化繁荣的灯塔。[2] 之后由于战乱，这座有六百余年历史的古代大型图书馆被焚毁，不复存在。2002 年，在原址附近重建了新亚历山大图书馆，代表着人们对亚历山大图书馆的纪念，这也是振兴学术文化的积极尝试。

3. 阿姆斯特丹

阿姆斯特丹是荷兰的首都，也是荷兰最大的城市和重要港口。阿姆斯特丹有着七百多年的建城历史，先后经历过罗马、基督教和新教的多元文化熏陶，市内有运河网、荷兰王宫、荷兰国家博物馆、凡·高博物馆等著名景点。阿姆

---

[1] 杨威理：《西方图书馆史》，商务印书馆，1988 年，第 16~17 页。
[2] 杨威理：《西方图书馆史》，商务印书馆，1988 年，第 17~19 页。

斯特丹当选为2008年"世界图书之都"是因评委会考虑了其项目计划的高质量、多样性和国际性，其中公私图书从业者和国内外参与者的广泛参与极具代表性，以及它对言论自由重要性的强调都较符合评判标准。阿姆斯特丹在竞选陈述中展示了约三十个活动项目，涉及版权保护、科学出版、儿童图书、跨文化交流等主题。在2008年，阿姆斯特丹以"开卷阅读，开阔思路"为主题展开多项活动，鼓励人们自由表达。

4. 仁川

仁川是韩国西北部的一个港湾都市。各评委认为仁川积极整合了图书行业各利益相关方的力量，能实施多种高质量阅读方案，向仁川及朝鲜半岛民众推广图书和宣传阅读，为了表彰仁川实施的促进民众和贫困群体阅读计划，联合国教科文组织将2015年"世界图书之都"的称号授予了仁川。仁川在获评"世界图书之都"期间，以"Books for all"为主题、以"read and discover yourself"为宣传口号，积极策划精彩的阅读活动。比如仁川市与各区合作，在村落和公寓举办公开的图书阅读业务比赛，推广优秀的阅读活动，激发人们的阅读热情。[1] 同时，在一些岛屿地区、少数民族聚居区、军营等偏僻地开展音乐图书会，主要通过图书传递、音乐会、诗歌朗诵和作家演讲等方式将文化传递到易被忽视的地方。[2]

5. 雅典

希腊的首都雅典是一座著名的古城，历史可追溯到三千多年前，是古代希腊的城邦之一，被誉为"西方文明的摇篮"。雅典是欧洲哲学的发源地，对欧洲以及世界文化产生过重大影响，诞生了苏格拉底、柏拉图等一大批历史伟人，被称为民主的起源地，也是现代奥运会的起源地。雅典当选的主要原因是评委会认为它有由图书业界各方人士支持举办的多种阅读活动项目，同时雅典丰富的文化基础和主办国际活动的经验也提高了其竞争力。雅典开展了很多具有特色的阅读活动，如作者、译者和插画者的见面会、主题展览、诗歌讲座等，让一般民众及移民和难民也能阅读或取得阅读途径。

---

[1] 柴赟：《世界图书之都——仁川市的阅读推广活动实践探析》，《山东图书馆学刊》，2015年第5期，第86~89页。

[2] 柴赟：《世界图书之都——仁川市的阅读推广活动实践探析》，《山东图书馆学刊》，2015年第5期，第86~89页。

6. 瓜达拉哈拉市

瓜达拉哈拉市是墨西哥的第二大城市，哈利斯科州的首府，建立于1542年，是重要的历史文化名城。这里曾出现了诸多墨西哥著名作家，如胡安·鲁尔福、胡安·何塞·阿雷奥拉、何塞·洛佩斯·波蒂略等。瓜达拉哈拉市是西班牙语出版物的重要集散地，各地出版商聚集于此。西班牙语出版界最大规模的书展——瓜达拉哈拉"国际书展"每年都在此举行。该市于2022年当选为"世界图书之都"，这一称号的取得离不开其深厚的文化传统、出版业发达及浓厚的阅读氛围。该市参选时以"阅读消弭暴力"作为独特的切入点，希望利用教育文化资源从根本上解决暴力和犯罪问题。自2022年4月23日至未来一年，瓜达拉哈拉市将举办一千余场阅读相关活动，并陆续举办各类研讨会、音乐会、阅读分享会、文学会议和艺术团体表演。

7. 阿克拉

阿克拉是加纳首都和最大的港口城市。阿克拉2023年当选"世界图书之都"是因为它高度重视年轻人阅读及他们能为加纳文化做出贡献的潜力。阿克拉的方案意在利用书籍的力量吸引年轻人，该市提出了一项针对包括妇女、移民、街头儿童和残疾人等的普及化阅读方案，包括加强学校和社区基础设施支持终身学习、培养阅读文化等举措。该方案也希望鼓励专业技能发展以刺激加纳的社会经济转型。

8. 斯特拉斯堡

斯特拉斯堡是法国东北部的城市，也是法国最大的边境城市。斯特拉斯堡高度重视发挥书籍的作用，以缓解社会张力和气候变化造成的压力，并开展了"为地球读书"等项目。该市强调书籍能够鼓励关于环境问题和科学知识的讨论和交流，认为书籍可以激发青年一代的创造力。该市丰富的文学遗产及其举办的众多艺术类活动也是其当选的重要因素。由于"世界图书之都"是提前一年评选，因此该市将于2024年4月23日"世界图书日"时正式成为"世界图书之都"一年。

第四节 高校阅读文化的当代阐释

一、高校阅读文化的内涵

当前学界关于阅读文化的解读和研究成果十分丰富，也有很多学者关注高校阅读文化的发展情况。但对于高校阅读文化的内涵和概念则众说纷纭，未能达成共识。综合国内外学者的相关研究可以发现，高校阅读文化是通过高校长期阅读推广实践而形成的阅读行为共识和阅读氛围，它通过各类阅读文化活动对大学生产生潜移默化的影响，这也是高校校园文化的重要组成部分之一。高校阅读文化是阅读文化与高校校园文化的有机联结和融合发展，是关于校园师生读者阅读活动的特定研究，是高校校园文化创新与发展的重要体现。一方面，从阅读文化视角出发，高校的阅读文化既是阅读文化的一部分，也是阅读文化在高校这一特定领域的差异化发展；另一方面，从高校的校园文化维度，高校的阅读文化也是高校校园文化的有机组成，与高校的校园文化相辅相成。高校的阅读文化具有多样性、动态性和差异性，其产生与发展也会受到高校发展历史、校内外环境、校风学风、校园文化、阅读偏好等多重因素的影响。

二、高校阅读文化的价值

（一）践行"文化育人"使命责任，服务高校人才培养目标

高等学校如何培养符合新时代要求的合格人才是教育事业发展的一道命题，高校对人才的培养不仅要有知识和技能的传授，也要通过文化对其进行熏陶和哺育，帮助大学生树立正确的理想信念、塑造优秀的品德修养，为建设社会主义精神文明和传承文化服务。阅读是学校培养人文精神和开展素质教育的重要方式，也是高校图书馆"文化育人"使命责任的当代实践，体现了图书馆在大学生人文素质教育中承担的重要角色。一方面，阅读文化建设赋予高校文化育人多元化的呈现与表达，二者的融合使得育人手段得以发展和创新。另一方面，多元阅读文化活动的传播和媒介作用能让更多大学生在阅读中滋养心灵、怡情修德，在书籍中收获成长与启迪。

开卷有益：
高校阅读文化建设与实践

新时代大学生作为社会主义的接班人与建设者，理当拥有正确的思想认识、良好的品性操守、丰富的内涵修养。纵观古今，无数先贤伟人已点出了修身养性的基本之道——阅读。传播高校阅读文化，不仅是为了获取知识和完成学业，而且是为了中华优秀文化的传承与发展，同时也是大学生自我完善与品格修炼的重要途径。特别是在多元文化冲突与变革转型加剧的当代，阅读文化的广泛传播也是高校积极响应"全民阅读"号召的举措，以阅读文化助力大学生构建人文精神、传承民族文化、坚定理想信念，在高校构建"文化育人"的精神场所。

（二）适应"文化自信"时代要求，丰富校园文化内涵底蕴

文化的兴盛与国家的繁荣息息相关，文化自信是助推文化繁荣的强大动力。大学生作为未来社会发展的中坚力量，应该以坚定的文化自信去提高辨识能力和批判精神，自觉抵制某些不良文化与思想的侵蚀。高校应以图书馆为中心，积极开展阅读文化建设，这是高校响应"文化自信"的必由之路，也是校园文化融入社会主义文化发展的应有之举。

校园文化是高校师生共同创造的群体文化，是校园风气氛围与文化精神的集中体现，对大学生的观念素养、品德情操有着潜移默化的深远影响。中华传统经典蕴含着丰富的人文精神，能让大学生从浩瀚的古代思想宝库中汲取优秀传统文化中的营养，产生文化归属感，进而增强大学生的文化自信，构筑优秀的校园精神谱系。阅读文化以其特有的文化传播与推广功能，将校园文化与传统文化中讲仁爱、重民本、守诚信、崇正义、尚和合、求大同等理念融合互通，丰富校园文化的内涵和底蕴，向校园文化注入思想源泉，助推高校形成特色校园文化品牌，积极培育大学生的社会主义核心价值观，彰显中华优秀传统文化的时代价值。

（三）彰显"文化强国"目标意识，助力民族复兴伟大事业

党的十九届五中全会明确提出到 2035 年建成文化强国的远景目标。[①] 文化是国家与民族的灵魂，是维系国家和民族在历史浪潮中绵延的精神纽带，体现了国家和民族的品格。文化的兴盛与国家和民族的繁荣富强息息相关。建成社会主义文化强国，不仅是社会文化建设战略，而且是实现中华民族伟大复兴

---

① 《中共十九届五中全会在京举行》，（2020-10-30）[2022-08-16]，http://dangjian.people.com.cn/n1/2020/1030/c117092-31912127.html。

的重要前提。李大钊认为历史道路上有很多艰难险阻需要依靠雄健的精神才能够冲过去。[①] 中华优秀传统文化能为"雄健的精神"提供了源泉，为中华民族历经苦难而再度崛起提供精神动力，而这种精神动力的具象表达反映在众多经典书籍中。高校开展阅读文化建设、鼓励经典阅读、弘扬优秀文化，使蕴含在书籍中的文化基因和历史智慧为当代所用，将传承发展传统文化与建设文化强国交汇融合，这也是实现文化强国目标的重要举措。

党的十九大报告提出"培养担当民族复兴大任的时代新人"，高校是培育"时代新人"的中坚力量，更要积极引导大学生在阅读中汲取精神养分，主动承担历史使命，汇聚向上向善的强大力量。[②] 青少年是民族发展的未来，高校让青少年充分接受阅读文化的浸润，养成热爱阅读的习惯，在阅读中自觉传承中华优秀传统文化，对坚定文化自信、助推中华文化传承，意义深远。高校图书馆要坚持做阅读文化的引导者和承担者，做文化强国的建设者和推动者，为实现中华民族伟大复兴的宏图伟业做出贡献。

---

① 董宝瑞：《李大钊评传》，燕山大学出版社，2017年，第428页。
② 《习近平：决胜全面建成小康社会　夺取新时代中国特色社会主义制度伟大胜利——在中国共产党第十九次全国代表大会上的报告》，(2017-10-28)[2022-08-16]，http://cpc.people.com.cn/n1/2017/1028/c64094-29613660.html。

第二章　高校阅读文化的多维融合

第一节　全民阅读与高校阅读文化

一、"全民阅读"持续推进

20 世纪 80 年代，我国的阅读推广活动开始发展，并在 20 世纪 90 年代后逐渐兴盛。1997 年，中共中央宣传部、教育部等九个部委联合发布《关于在全国组织实施"知识工程"的通知》，提出"倡导全民读书，建设阅读社会"的"知识工程"。① 之后社会更加关注阅读推广领域，图书馆界也积极参与到阅读推广活动之中。2004 年，中国图书馆学会举办了"全民读书月"活动，通过一系列阅读推广活动在社会广泛宣传"世界读书日"，让"世界读书日"在中国的实践与传播迈向新阶段。②

2006 年，中共中央宣传部等 11 个部门联合发出《关于开展全民阅读活动的倡议书》，号召社会公民继承和发扬读书的优良传统。③ 2012 年，"开展全民阅读活动"写入党的十八大报告。④ 2014 年，"全民阅读"首次被写入《政府工作报告》。⑤ 2020 年，中央宣传部印发《关于促进全民阅读工作的意见》，指出阅读是获取知识、增长智慧的重要方式，是传承文明、提高国民素质的重要

---

①　张白影、荀昌荣、曹晓莉：《中国图书馆事业 1996—2000》，湖南科学技术出版社，2002 年，第 20 页。

②　张白影、荀昌荣、曹晓莉：《中国图书馆事业 1996—2000》，湖南科学技术出版社，2002 年，第 20~22 页。

③　《关于开展全民阅读活动的倡议书》，《中国新闻出版报》，2006 年 4 月 18 日，第 001 版。

④　周燕妮、聂凌睿、马德静编著：《书香社会：全民阅读导论》，海天出版社，2017 年，第 160 页。

⑤　《关于开展全民阅读活动的倡议书》，《中国新闻出版报》，2006 年 4 月 18 日，第 001 版。

途径，深入推进全民阅读对加强社会主义精神文明建设、促进社会进步具有重要意义。① 2021年，《中华人民共和国国民经济和社会发展第十四个五年规划和2035年远景目标纲要》明确提出要深入推进全民阅读，建设"书香中国"。② 2022年，"全民阅读"连续第九次被写入《政府工作报告》。除顶层规划外，与全民阅读相关的政策、法规陆续出台，如《中华人民共和国公共文化服务保障法》《中华人民共和国公共图书馆法》等法律对促进全民阅读做了规定，地方性的全民阅读促进条例或阅读法规也相继出台。2022年4月23日"世界读书日"，首届全民阅读大会也在北京开幕，大会以"阅读新时代、奋进新征程"为主题，向全社会发出全民阅读倡议，全面展现我国书香社会建设及全民阅读推进取得的丰硕成果，呈现了精彩纷呈的阅读主题活动，希望通过大会的号召力和影响力掀起全民阅读的热潮，让阅读成为新时代的社会风尚，持续推进全民阅读工作向更深入、立体化、多元化方向发展。③

可见，"全民阅读"作为建设学习型社会和书香社会的重要举措，自2006年提出以来，在中共中央宣传部、教育部等多部门的共同倡导和努力下持续推进，在全国蓬勃发展，已成为我国文化强国的重要举措之一，也发展为国家重要的战略部署。当前，图书馆界、出版界等相关领域不断通力合作、共谋发展，积极推动全民阅读成为人民幸福的重要支撑，以全民阅读谱写时代的文化新篇，在全面建设社会主义现代化国家、向第二个百年奋斗目标迈进的新征程上，用阅读精神汇聚起实现中华民族伟大复兴的磅礴力量。

二、阅读文化助推高校全民阅读工作

高校是社会的人才培养重镇，也是重要的文化教育中心。高校师生构成了庞大的读者群体，他们可以通过阅读实现知识文化的积累和创新，为人才聚集的高校提供源源不断的发展动力。高校阅读文化建设直接为全民阅读进高校提供了有力支持，营造书香校园氛围，让师生能以书为帆远航未来征途。同时，民族的文化教育水平是衡量社会文明进步程度的重要标志，而全民阅读状况是

---

① 《坚定不移沿着中国特色社会主义道路前进　为全面建成小康社会而奋斗　胡锦涛在中国共产党第十八次全国代表大会上的报告》，(2012-11-08) [2022-08-16]，http://cpc.people.com.cn/n/2012/1118/c64094-19612151.html。

② 《中华人民共和国国民经济和社会发展第十四个五年规划和2035年远景目标纲要》，(2021-03-13) [2022-08-16]，http://www.gov.cn/xinwen/2021-03/13/content_5592681.htm。

③ 《全民阅读倡议书》，(2022-04-23) [2022-08-16]，https://www.nationalreading.gov.cn/wzzt/yddh/cysh/。

文化教育水平的重要体现，高校也要积极承担全民阅读社会责任、深化全民阅读时代内涵，推动阅读文化建设与全民阅读工作的同频共振。

（一）以阅读文化打造全民阅读基地

高校在所在地区域内具有一定的文化影响力，高校阅读文化建设可以形成阅读文化辐射效应，为区域内全民阅读工作的开展带来活力，促进高校在区域内形成阅读推广品牌。高校图书可以联合当地公共图书馆等开展合作交流，发动各类读者、开拓多点宣传，推动高校成为区域内的全民阅读基地，推进当地的全民阅读工作。高校应该秉承"建设书香校园、助力全民阅读"的理念，积极开拓阅读文化的传播渠道，引领当地的阅读风尚，引导更多人多读书、读好书，将丰富多彩的阅读盛宴和正能量呈现给校内外读者。高校要积极打造全民阅读基地，提高阅读文化的感染力，让区域内更多的读者参与全民阅读，促进全民阅读向多层次、广渠道、大范围推进，在推进书香社会建设和全民阅读工作中做出表率。

（二）以阅读文化引领多种主题活动

高校要充分发挥阅读文化在校园活动中的引领作用，积极融合社会时政热点、师生兴趣、学校特色等开展一系列主题活动，如在建党日、五四青年节等，与时俱进地开展系列阅读活动，用书香文韵礼赞新时代，致敬英雄人物与感人事迹，歌颂人们的美好生活，倡导大学生在阅读中汲取力量和决心。充分利用馆藏资源，将读书明理活动与师生学习生活相联系，将阅读活动与新颖的推广方式相结合，让阅读文化更贴近师生群体的生活实际。把阅读文化融入学生风采展示的系列活动中，增加阅读活动的亲和力，为当代大学生展现活力与智慧提供舞台，引导大学生培育内强素质、外塑形象、开拓进取的拼搏精神，激发学生的荣誉感和自豪感。

（三）以阅读文化形成良好示范效果

优秀的高校阅读文化可以在学校内外形成良好的示范，为当地全民阅读工作树立典范。首先，高校要立足实际、精心策划、周密部署，多方联动共推阅读文化新风尚，加强学校内外合作，宣传和交流阅读推广活动的有益经验，为其他高校或机构提供参考借鉴。其次，高校应培养多点推广意识，利用新媒体及场所空间开展线上线下阅读活动，用富有高校特色的阅读文化浸润师生，丰富师生的精神文化生活，使阅读文化在学校内外读者中引起强烈共鸣和广泛关注。最后，高校要积极支持公共文化服务、参与书香社会建设，以高校师生的良好的阅读风貌向公众展示并推广高校阅读文化，从而营造健康高雅、文明向上、全员参与的和谐的社会阅读文化氛围，大力宣传全民阅读理念。

第二节　文化自信与高校阅读文化

一、文化自信的深刻内涵

党的第二十次全国代表大会上，习近平总书记指出："全面建设社会主义现代化国家，必须坚持中国特色社会主义文化发展道路，增强文化自信，围绕举旗帜、聚民心、育新人、兴文化、展形象建设社会主义文化强国，发展面向现代化、面向世界、面向未来的，民族的科学的大众的社会主义文化，激发全民族文化创新创造活力，增强实现中华民族伟大复兴的精神力量。"[1] 古往今来，文化是一个国家和民族发展水平的重要体现。当我们回溯历史的足迹，曾经的文明古国，古埃及、古巴比伦、古印度都因为战乱、外来文明入侵等原因逐渐衰落甚至消亡。但中华传统文化一直绵延至今、从未中断，伴随着历史的滚滚车轮久经风云变幻，抵御无数战火纷飞、外来文化冲击，随着时代的发展愈发蓬勃。数千年来，中华民族在世界之林屹立不倒，不是靠武力扩张，也不靠霸权主义，而是以德服人、以文化人，向世人呈现中华文化强大的吸引力和包容性，体现了极具特质的中华民族精神。

强大的文化力量为中华民族的生生不息提供了丰厚的精神滋养，也在世界文明史上书写了璀璨华章。很多古代文化湮没在历史尘埃中，成为文化的化石，中华文化却依然在书写辉煌。早在春秋战国时期，古人就已认识到文化的凝聚作用，《论语》中就提到"远人不服，则修文德以来之"[2]的道理，文化自信对国家和民族的发展来说就是重要的底气和根基。随着全球一体化进程的加速，文化的颠覆和渗透从未停止，我们要坚定文化自信，并建设文化强国，就要推进用文化增强国人的文化认同感，这在当代有着不可忽视的深远意义。

---

[1] 《高举中国特色社会主义伟大旗帜　为全面建设社会主义现代化国家而团结奋斗——在中国共产党第二十次全国代表大会上的报告》，(2022-10-26) [2022-11-13]，http://cpc.people.com.cn/20th/n1/2022/1026/c448334-32551867.html。

[2] 转引自刘毓庆：《论语绎解》，商务印书馆，2017年，第69页。

开卷有益：
高校阅读文化建设与实践

  要增强国人的文化自信，需要我们坚定对中华优秀传统文化的自信，让优秀传统文化在新时代持续焕发光彩，牢筑中华文化繁荣兴盛的根基。优秀传统文化是民族和国家发展创新的沃土，包含了深厚的文化软实力。德国哲学家雅斯贝尔斯在《历史的起源与目标》一书中提出了"轴心时代"这一著名观点，他将公元前800年至公元前200年称为人类文明的"轴心时代"。[①] 这个时期是人类思想文化的重大突破时期，各个文明国度都产生了伟大的思想家，他们提出的思想原则塑造了不同类型的文化。而人类此后一直在依靠"轴心时代"的思考和创造生存，每一次飞跃都要回顾这一时期。[②] 因此，当代更要坚守中华优秀传统文化，从博大精深的文化宝库中汲取智慧，持续探索如何更好地将优秀传统文化古为今用和转化发展，让古老的中华文明在当代也能大放异彩。我们应利用好优秀传统文化强大的精神韧性和包容性，进一步提升中华优秀文化的影响力和延续性，用文化自信筑起文化强国的坚实堡垒。

  要增强国人的文化自信，需要我们坚定对中国特色社会主义文化的自信，这也是中国道路自信的保障和底气。习近平总书记指出："中国特色社会主义文化，源自于中华民族五千多年文明历史所孕育的中华优秀传统文化，熔铸于党领导人民在革命、建设、改革中创造的革命文化和社会主义先进文化，植根于中国特色社会主义伟大实践。"[③] 近代以来，西方文化对中华文化产生着持续影响，古今中外文化交融问题一直都是中华传统文化传承发展的重要命题。而中国共产党人将马克思主义的普遍原理与中国现实发展相结合，成功开创了中国特色社会主义发展道路，也推进了中华传统文化与现代文化的融合与发展，让中国文化在世界的影响力持续提升。因此，要深刻认识到中国特色社会主义文化的优越性，让社会主义先进文化成为当代中国人的精神指引，助推中国特色社会主义文化自信化为中国文化发展创新的动力，使其成为激发国人民族自信心的力量源泉，进一步弘扬民族精神，形成民族凝聚力。

  要增强国人的文化自信，需要我们坚定对中国文化未来发展的自信，在实践发展和传承创新中推动中国文化开启更加繁荣的局面。中国特色社会主义文化正在通过"人类命运共同体"的宏伟追求，向世界传递中国的人文精神、讲述中国的文化底蕴、诠释中国的价值追求，向世界展现中国文化海纳百川的博

[①] 卡尔·雅斯贝斯：《历史的起源与目标》，李夏菲译，漓江出版社，2019年，第8~9页。
[②] 卡尔·雅斯贝斯：《历史的起源与目标》，李夏菲译，漓江出版社，2019年，第15~16页。
[③]《习近平：决胜全面建成小康社会 夺取新时代中国特色社会主义制度伟大胜利——在中国共产党第十九次全国代表大会上的报告》，(2017-10-28) [2022-08-13]，http://cpc.people.com.cn/n1/2017/1028/c64094-29613660-9.html。

大胸怀。曾经，古老的中华文化通过创造性转化和创新性发展，与时俱进地注入时代精神、时代活力、时代理论、时代内容，形成了中国特色社会主义先进文化。未来，我们要坚守本源、博采众长、去粗存精、面向未来、面向世界，牢牢把握住社会主义先进文化的发展方向，全面贯彻党的文化发展方针，坚持为人民服务、为社会主义服务的方向和百花齐放、百家争鸣的方针。我们还要坚定未来传承、创新中国文化的光明前景，持续发展与现实相适应、与时代发展相符合的社会主义先进文化，用坚定的文化自信构筑激励人们前行的精神指引，凝聚实现中华民族伟大复兴的磅礴力量。

二、阅读培育高校师生文化自信

书籍是文化的重要载体，通过阅读能让人们接受文化熏陶、感受文化魅力、传承文化精神，增强对中华文化的认同感和自豪感。一直以来，阅读都是文化传播的重要途径，是人们认识文化、传承文化、发展文化的基础。要用阅读汇聚文化自信的思想力量，为构建中华民族文化谱系提供助力。高校要积极借助阅读文化的教育功能，发挥以文化人的重要作用，在润物无声中增强师生的文化自信。以书为媒能让高校师生深入了解中华文化的博大精深，深刻理解中国特色社会主义文化的内涵。以书为桥能搭建起个人思想融入民族文化的通道，为中国文化未来发展提供不绝的源泉动力。因此，高校积极开展阅读文化活动既是为文化自信孕育强大动力，也是助力文化强国建设的必然之举。

高质量阅读是高校培育师生文化自信的基础。要坚定文化自信和增进文化自强就需要传承中华优秀传统文化，弘扬红色文化、革命精神，让民族智慧和民族精神通过优秀书籍传递给读者。从古到今，中华民族创造了浩如烟海的经典作品，它们都是中华传统文化的现实反映。通过经典阅读，读者能主动阅读那些经得起时间检验、能够传世的经典之作，滋养心灵、获得力量，传承中华优秀传统文化。开展红色阅读让师生能在阅读革命故事、红色理论中坚定"四个自信"，同时强化对中国特色社会主义文化的自信。推进当代优秀作品荐读，能让师生在当代文化思潮中体会时代精神，坚定对未来中国文化发展的自信。开展各类主题的阅读文化活动，让师生能充分了解、吸纳、传播源远流长的中华优秀文化经典，熟知中华民族发展历史，感受中国共产党的光辉历程，将文化涵养转化为新时代奋斗的精气神，凝聚向善向上的社会正能量，增强高校师生的文化自信与文化自觉。

总之，高校作为社会人才培养的重要机构，要重视阅读在培育师生文化自信中的核心作用，通过建设校园阅读文化推动全民阅读发展，以高校的文化影响力推动社会文化发展，为文化强国积蓄力量，书写高校阅读文化在文化强国进程上的独特篇章。

第三节　校园文化与高校阅读文化

校园文化伴随着社会文化发展呈现不同的样态，高校校园文化是师生创造并共享的文化氛围，是高校教育在文化层面的反映与延伸，从不同维度展现高校办学理念与历史传承，是学校软实力的重要组成部分，更是大学的灵魂和大学精神的体现。高等学校肩负培养新时代合格人才的历史使命，同时承担文化传承的责任和服务社会的义务，不仅要向学生传授专业知识，更需要创造和传播优秀的校园文化，培养具有人文精神、文化修养、道德品质的综合人才，为发展社会主义先进文化和培育文化自信服务。因此，高校阅读文化作为校园文化的有机组成，二者理应积极融合，让阅读文化能积极服务于校园文化培育与推广，实现"全民阅读"与校园文化的协同推进。

一、阅读文化与校园文化融合的背景

（一）高校图书馆是重要的校园文化阵地

高校如何培养杰出人才是中国教育事业发展的一道深刻命题，大学对人才的培养不仅在于知识、技能的传授，更在于文化的熏陶哺育，培养和激发师生的社会责任感，培育其文化自信。众多高校在长期发展过程中都会形成自己固有的、独特的校园文化。有效推广校园文化，让高校师生认同校园文化、主动接受熏陶，从而形成稳定的精神动力与文化力量，这是一项复杂而持久的文化传播工作。在学校众多部门中，高校图书馆不仅是阅读文化建设的主体，也与校园文化的关系尤为密切。《普通高等学校图书馆规程》明确了高校图书馆的教育职能，也明确了其在校园文化建设中的重要基地，教育职能与文化职能相辅相成。高校图书馆本身是校园文化建设的重要参与者，同时又拥有教育功能与育人场所，可以借助阅读服务的特点和阅读推广手段，开展多层次广覆盖的校园文化活动，以阅读文化助推校园文化发展。因此，高校图书馆应该发挥优势，成为校园文化和社会文化推广的重要载体。

(二) 阅读文化发展与校园文化推广相辅相成

阅读文化与校园文化的融合，符合全民阅读的倡导，能充分发挥高校阅读文化在校园文化推广中的引导作用，助推高校形成具有阅读特色的校园文化育人品牌。一方面，优秀的校园文化可以推动高校内涵建设，通过多种推广路径，将传播校园文化与思想教育相结合，提升高校师生人文素养和德育水平，在校园内弘扬社会主义核心价值观，为阅读文化的发展提供可依循的实践方式，为多元化、多途径和多维度的高校阅读文化创新提供参考，为高校可持续发展提供精神动力和文化支持。另一方面，高校阅读文化的发展也面临着阅读环境、阅读方式变革等各方挑战及压力，更要顺应时代要求创新服务模式，深化文化育人机制，把握阅读文化的引领定位并充分发挥其作用，丰富校园文化的内涵，不断提升阅读文化的影响力。

阅读文化与校园文化的融合可以完善和拓展阅读文化的功能优势，充分利用阅读文化的资源优势和推广优势让师生接受优秀校园文化的熏陶，夯实特色校园文化的主旋律地位。同时也能提升高校图书馆在变革与转型发展中的内涵建设水平，深化高校图书馆在新时代高等教育中承担的重要历史使命，发挥高校图书馆培育社会主义文化自信的积极作用，并倡导形成良好的校园文化风气，为校园文化体系建设提供补充及支持，为实现学校建设发展目标提供强劲的精神动力，对高校实现高质量发展蓝图、实现文化强校发挥积极作用。

二、高校阅读文化助力校园文化推广

校园文化所包含的文化类型丰富多样，校园文化推广是开放的复杂工程，文化样态具有多对象、多年级、多层次、多形式等特点。因此要重视师生需求，在阅读文化建设中融入校园文化推广的相关设计，调动师生主动参与校园文化建设的热情，提高校园文化推广实效和影响，强化校园文化的育人功能，激发高校校园文化的活力。

(一) 校园文化宣传策略

要想师生对校园文化产生好奇和注意，就要从师生需求动机层面出发调动师生了解校园文化及融入校园文化的积极性。高校要充分把握信息时代师生的信息获取偏好，创新宣传服务模式，利用现代化科技和新媒体，融合全民阅读理念，结合高校宣传资源，利用图书馆阅读文化推广优势，打造校园文化氛围，提高广大师生对校园文化的关注度。首先，从高校读者的兴趣出发，将不同的校园文化类型，如高校的校史文化、红色文化、传统文化、健康文化等，积极融入阅读文化活动，运用成熟的阅读推广手段和载体，实现校园文化与阅读推广的有机融合；其次，紧跟社会热点与文化思潮，将校园文化与师生喜闻乐见的宣传手段融合，借助阅读推广活动的宣传平台和影响力，利用融媒体手段，吸引师生接受校园文化的熏陶，促进校园文化向多层次、广渠道、大范围推广。

（二）校园文化融合策略

校园文化推广不能成为远离师生实际的口号和摆设，如果只展示在书面文件上、出现在冰冷的屏幕上或严肃的研讨会上，也就难以迸发出校园文化的活力和影响力，不能和高校师生产生有机的心灵联结。高校要打破校园文化常规且刻板印象，将其与师生的阅读需求、阅读文化活动等发生关联，发掘校园文化与学校专业、师生兴趣爱好和信息需求的契合点。应将校园文化与图书馆阅读服务过程融合起来，让校园文化推广不再是单独的口号和宣传形式，而是与高校师生的阅读、学习、科研形成有效的互动联结。如开展图书馆校园文化载体建设，将校风、学风等元素融入图书馆空间与标识中，形成校园文化育人空间；在书目推荐中突出与高校特色校园文化相关的经典书目，在阅读交流会中以校园文化为主题展开讨论，在系列化的阅读活动中融合校园文化；挖掘校园文化与当下师生关注的科研学习中的热点前沿的结合点，开展特色阅读活动，设计具有高校特色的校园文创产品，增强校园文化的亲和力和影响力，激发师生对校园文化的共情启发。

（三）校园文化共识培育策略

校园文化根植于学校历史和优秀传统文化，在阅读文化活动中体现校园文化元素有利于增强校园文化的深厚底蕴，增强师生的归属感和荣誉感，以文化自信推动师生涵养精神力量、培育自信心，提升高校师生整体凝聚力及向心力。高校要挖掘校园文化中具有深刻教育意义的文化内容，为师生营造树立文化自信的良好氛围。一是利用线上线下阅读空间开展校园文化宣传活动，如结合馆藏相关文献资源，开展校史文化宣讲、校史图片文物展陈、线上校史主题阅读活动等，将高校分散的校史资料进行整合，形成特色校史文化。让师生读者能通过阅读校史相关资料感受学校发展历程、树立自豪感，激励读者以校为荣、砥砺奋斗。二是将阅读推广与传承优秀传统文化相融合，展现传统文化魅力，通过丰富多彩的阅读推广手段让读者领略中华文化的博大精深，如举办传统文化经典共读、飞花令、古风配乐朗诵等趣味性、竞赛性活动，以涵养读者的道德品质、陶冶其情操修养、树立其文化自信。三是结合高校学科特色、地域特色、历史沿革等，开展不同主题的校园文化阅读活动，如真人图书馆、专题图书推介、图书漂流等，将校园文化与培育师生文化自信进行有机关联，构建特色校园文化，推动书香校园建设。

（四）校园文化育人反馈策略

校园文化伴随着学校发展而存在，其育人机制是长效活动，也是持续改进的过程，高校要重视阅读文化与校园文化融合推广的满意度调查和需求调研，总结经验，不断完善推广实践方式与内容，使校园文化推广能更加符合师生预期。高校可以定期对师生的评价信息与需求信息开展统计与分析，通过自评与他评结合的方式，更好地从需求入手了解并满足校园文化推广的需要，完善并改进校园文化推广活动。通过持续的反馈与改进形成良性循环，提供更多有利于师生精神启迪、成长成才的校园文化推广活动，提升师生对校园文化的重视度，调动其了解校园文化、接受校园文化、践行校园文化的积极性，启发他们在优秀校园文化中感受阅读文化魅力，自觉成为校园文化的参与者、传播者、创造者。

总之，阅读文化与校园文化的融合，可以完善和拓展阅读文化的功能优势，让师生在丰富的校园文化内涵中接受熏陶，夯实特色校园文化的主旋律地位。同时也能提升高校阅读文化在变革与转型发展中的建设水平，深化高校图书馆在新时代高等教育中承担的重要历史使命，发挥阅读文化培育文化氛围的积极作用，倡导良好的校园文化风气。阅读文化为校园文化体系建设提供补充及支持，对高校描绘高质量发展蓝图、实现文化强校产生积极影响。

第四节　立德树人与高校阅读文化

一、立德树人与阅读的历史渊源

书籍是人类进步的阶梯，阅读自古就有立德树人的功能，人们对阅读意义的认识也总会围绕着德行修养和知识积累。阅读与立德树人的紧密联系在历史发展中得到了有力印证，放眼古今中外，阅读都是公认的重要教育手段。当今也流传着无数激励人们阅读的名言佳句，起到了宣传阅读浸润心灵、修养品德、陶冶情操、启迪智慧的积极作用。古人常常借文咏志，将深刻的人生哲理、感悟融入作品中。所以当我们阅读这些作品时，就是在探索和体会先贤哲人的人生智慧和境界修养。在卷帙浩繁的书卷中，那些闪耀光芒的经典佳作总能跨越时空界限引导人、感化人、激励人，而人们也会充分运用阅读这种教育方式塑造人、改变人，在阅读中培养时代新人、增强文化记忆、树立民族自信。

中华民族自古就是一个热爱读书、勤奋好学的民族，中国古代家庭崇尚积善、忠孝和耕读传统，与劝学、善读有关的读书理念世代传承，彰显着生生不息的阅读精神力量。很多传世格言中都提及了阅读与立德树人之间的联系，如"古今来许多世家，无非积德；天地间第一人品，还是读书"[1]"读书即未成名，究竟人高品雅"[2]。古人强调了立德修身的重要性，也提出高尚人品的养成归根结底是从读书中得来，可见读书治学与修身养德之间有着千丝万缕的联系。

阅读能让人保持思想活力，启发人思考，滋养人的浩然正气，提升人的精神境界。当代社会，阅读与立德树人之间相互促进、共同发展，通过阅读能培育德才兼备的时代新人，而他们又会更加推崇阅读的教化功能，营造社会阅读的良好风尚，积极传播阅读文化，推进社会文明进程。当前，国家推进全民阅读、建设书香社会，是满足人民文化需求、提升人民思想道德境界、增强人民精神力量的重要举措，使阅读的立德树人功效在新时代更加深邃厚重。

二、高校阅读文化的育人功能

读者个人的阅读史是其自身思想和心灵成长史的写照。高校阅读文化要充分发挥在大学生思想教育中的引导作用，提升大学生的人文素养和德育水平，弘扬社会主义核心价值观，培养和激发大学生的社会责任感、使命感。要助推高校阅读文化形成上下联动、内外协调、全面渗透的良好格局，形成阅读文化实践育人的品牌，促进高校的全民阅读工作和书香校园建设。

---

[1] 马天祥译注：《格言联璧》，中华书局，2020年，第6页。
[2] 马天祥译注：《格言联璧》，中华书局，2020年，第6页。

（一）有利于大学生形成优秀品德

高校阅读文化所营造的书香氛围，让大学生能在书籍中感悟先贤品德，学习为人处世之道、治学之法，约束自身行为，树立求学者的志向与追求。古人往往将读书立志与修身立德归为一体。阅读可以为实现自我品德完善和思想成熟提供精神动力和文化支持。阅读能帮助大学生更好地开展心理建设，让他们能正确处理人际关系、环境变化、学习压力、就业竞争等难题，将阅读感受转换成强大的内心力量和精神动力，无论顺境和逆境都能坦然处之，能始终保持积极向上、豁达开朗的生活态度。要鼓励大学生在阅读中继承和弘扬中华民族的传统美德，吸收人类道德文明的优秀成果，在阅读过程中不断强化自身的善良、仁爱、礼貌、守信、友善等优秀品德，守住道德底线，深刻领悟家国情怀，成长为德行高尚的时代新人。

（二）有利于大学生开阔眼界

每个人生活的圈子与地域范围有着天然的物理局限性，但书籍却可以成为连接个人与世界的纽带，善于阅读就犹如掌握了通往广袤世界的钥匙。人生固有的时空局限性让我们无法在数十年内亲自领略不同的地理人文，但阅读书籍可以接触到不同的地域风情，察知天涯海角，开拓我们的视野与思维，实现人们对未知世界的探索与追寻。人的一生中所能结交的朋友、经历的事物都是有限的，而在浩瀚的书籍中，我们可以与不同的人对话，与更多人产生思想交流，在丰富的人生阅历与思想宝库中获取精华。因此，大学生在阅读中可以铺就通往世界各地的道路，打开不同人生阅历的大门，开阔眼界、提升格局，使自己站得更高、看得更远、思想更深刻。宽广的眼界与大格局观也有助于大学生毕业后快速融入社会生活，更快形成良好的认知，更好地修炼人生格局，树立正确的价值观念。

（三）有利于大学生塑造人文精神

人文精神是高校校园气质的集中体现，能对大学生产生积极正向的思想教化。随着科技发展与价值多元化的冲击，当代大学生也存在偏向实用主义、功利主义的现象，人文精神的日渐缺失造成很多不良影响，不利于社会精神文明构建。如果说专业知识与科学规律让大学生能认识客观世界的发展规律，掌握专业技术与工具，学会如何完成事情，那么人文精神就是让大学生明白事情是否应该做和事物背后的意义，构筑思想高地，实现自身更全面的发展。高校不仅要培养有智慧的人，也应该培育大学生的专业技术。大学生只有兼具知识与情感、专业与德行，才能成为被时代需要的人才。大学生在阅读积累中能增长文化素养，提升思维方式，涵养大学生应有的精气神，通过阅读不断丰富自身精神涵养，在学业和事业上拥有勤奋刻苦、不畏艰辛、勇于攀登的勇气，在日常生活和人际交往中养成积极乐观、宽容友善的态度，在遇到挫折和困难时，具备百折不挠、锲而不舍的志气。

（四）有利于大学生完善知识结构

人类的知识世界一直在发展与丰富，人们对知识的追求和探索也是持续的，一个人可以获得的知识总是处于"未满"状态，人终其一生也无法学会世间所有知识。现代社会对综合知识的要求越来越高，复合型人才具有更高的竞争力。大学生在求学阶段需要获取各类知识以完善专业素养，走向社会后也要不断优化和更新自己的知识结构，以提高自身的综合竞争实力。因此，阅读是知识学习的重要途径，大学生应通过大量的阅读获取更多的专业知识，为未来实践打好坚实的理论基础。长期来看，多阅读一些书籍，就会少一份因知识匮乏而产生的遗憾，或是由于涉猎广博而多一些机会。高校可以为大学生提供良好的阅读场所和阅读资源，营造良好的学习环境，通过阅读文化的感染力帮助他们形成好学求知的良好习惯，这有利于大学生完善自身的知识结构，助力学子未来发展。

第三章 高校阅读文化的构成要素

第一节 读者的阅读价值取向

一、当代高校阅读现状

（一）当代大学生阅读偏好

在这个信息爆炸的时代，网络信息每天更新迭代、各类出版物层出不穷，让人们有太多的阅读选择。一部分大学生的阅读行为也逐渐功利化、娱乐化、碎片化，任务型的专业阅读、快餐式娱乐阅读、浅阅读现象广泛，缺失传统经典阅读与深度阅读。长期以来，在全民阅读的推广过程中，特别是大学生群体的阅读选择上，传统经典阅读往往不被重视。有学者调查国内著名高校的图书馆网站图书借阅排行榜，数据显示排在前列的几乎没有经史子集、四大名著等中国古代典籍，借阅排行榜前列往往是当代畅销书和一些热门推荐书籍。大学生对经典阅读的忽视在一定程度上也表现出他们对传统文化认知的弱化倾向。根据学者的调查，很多大学生都不会主动深入了解传统文化典籍，对中华传统文化的认知程度较低。社会历史变迁、经典教育缺失、娱乐文化挤压等时代大背景与现实交织的诸多原因，让高校经典阅读危机等问题处于无形、繁复又棘手的境况，如何化解这一危机注定是一个长期性和系统性的工程。

（二）阅读行为变革对传统阅读的挑战

现代信息技术的高速发展改变着人类的生活方式和习惯，"纸张崇拜"的传统阅读时代渐行渐远，"数字狂欢"日益凸显。自20世纪以来，互联网与信息技术的快速发展冲击了阅读领域，国民阅读行为与习惯在显著改变，特别是在电子产品包围中成长起来的"触屏一代",更习惯于各类智能电子设备。各类网络文化、电子产品、新媒体等冲击着人们的阅读生活,阅读行为的改变让阅读内容更加泛娱乐化、休闲化、功利化和碎片化。网络文化与视觉快感逐渐消磨了深度阅读和思考的耐心,难以维持恒久的阅读热情以品读经典,缺乏深度思考,精神气质更易变得浮躁,例如在在线阅读中人们会被弹出的各类新闻或推送吸引,在移动阅读中也会轻而易举被设备上其他的娱乐项目吸引。在数字阅读和移动阅读中,商业驱动、信息茧房、算法推荐等因素导致网络门户、阅读 App 都倾向于推送娱乐性、快餐式、诱导性的浅阅读内容,深度阅读在娱乐至上、利益交织的网络阅读空间中难有栖身之地。而大学生需要应对学业压力与各类校园生活,加之难以抵抗新鲜与多元的网络世界的诱惑,各类视觉媒体也在侵占和剥夺大学生的业余时间,让高校深入推进阅读文化建设更具挑战性。

(三)多元文化观念冲击阅读价值观

当代文化精神弱化的现象不容忽视,大学生缺乏深度阅读,常常陷入被各类繁杂信息围困的状况,对外来文化易盲目崇拜,世界观、价值观、人生观与审美意识易被误导。一方面,受娱乐主义、消费主义、网络文化等多元文化的影响,很多大学生的阅读重心偏离,在群体无意识的浮躁心态和日新月异的信息技术引诱下,易在信息的汪洋中迷航,失去跋涉书山学海的精神。另一方面,为迎合现代大众文化的偏好,对历史和经典的改编和戏说大行其道,不少丢失了其原本价值甚至走向低俗化,使人逐渐沉溺于娱乐至上的氛围中,不易形成深度阅读;西方文化的强势推进,外国文化观念与文化作品的流行易使人迷失其中,很多青少年盲目追逐西方的文化观念而忽略了中华文化的精髓。因此,高校要通过阅读文化推广社会主义优秀文化,让青少年从中体会民族精神和使命感召,树立正确的阅读价值观,从而促进提高整个民族的文化素养,这也是阅读文化实现其社会教育功能和体现阅读文化当代价值与使命的重要途径。

二、培育正确的阅读价值观

阅读价值观是阅读精神的重要体现,正确的阅读价值观有助于形成浓厚的阅读文化氛围。高校阅读价值观念是指高校读者在长期阅读实践中培养对阅读这一活动的综合认识。优秀的阅读价值观念不仅能引导读者开展高质量阅读,帮助读者个体提高阅读能力和水平，也能让整个高校集体的阅读水平得到提升，推动高校阅读文化实践功效逐渐强化成为高校阅读精神的价值底蕴。阅读价值观作为读者的主观意识，也会随着客观因素等条件的改变而不断变化。所以，高校需要重视对高校大学生进行阅读价值观培育，积极引导读者形成正确积极的阅读价值观，从而形成强大的高校阅读精神文化，使其引领、调节、约束高校读者的阅读实践行为。

（一）正确把握阅读目的

阅读目的是读者阅读实践最终追求的综合体现。孔子曾发出"古之学者为己，今之学者为人"的感慨。他认为古代学者读书学习是为了修身立德、充实完善自己，而现在的学者学习是为了向他人炫耀学识。[1] 可见，古时先哲就已开始思考读书与学习的根本目的。广而推之，这反映出不同的读者心理会指向不同的阅读目的，功利性、任务性阅读和自觉性、以自我提升为目的阅读之间有着本质区别。而后，"为己之学"或"为人而学"的问题也一直伴随着知识分子。宋代思想家张载提出了"为天地立心，为生民立命；为往圣继绝学，为万世开太平"[2]的观点，这一观点成为很多中国知识分子的共同追求。这种观点是将个人的读书追求融入了整个社会大局，也反映了一种阅读目的，即阅读既是为己也是为公。近代之后，无数爱国知识分子都秉承了为中华之崛起而读书的志向，在民族存亡绝续之关头发愤图强，以期文化救国。当代高校人才济济，肩负着实现中华民族伟大复兴的历史使命。高校读者要正确把握阅读目的，将自身阅读追求与国家民族的需要联系在一起，为建设社会主义文化强国贡献力量。高校要激励师生读者继承古人留下的读书志向和高尚追求，通过阅读治学修身，用学识报效祖国，为党和人民提供智慧支持、为国家发展建言献策。

（二）重视平衡阅读选择

阅读选择直接影响了阅读效果，读者对书籍的选择也体现了其阅读品味。古人曾认为书与药相似，善读可以医愚，只有读好书、善读书才能更好地实现阅读目的。经典作品承载了优秀文化，一本好书就如一位良师益友。但是当代繁荣的出版事业让读者在阅读选择上眼花缭乱，再加上缺乏阅读指导和经典书

---

[1] 申笑梅、王凯旋主编：《诸子百家名言名典》，沈阳出版社，2004年，第210页。
[2] 转引自郭文力：《民族复兴的文化轨迹》，辽宁大学出版社，2017年，第21页。

目推荐，很多读者就会不由自主地习惯于消遣娱乐化的读物，逐渐丧失深度阅读和思考的动力，这也让优秀传统文化和时代精神的深入传播受到了影响。因此，高校要引导读者对阅读对象有所选择，谨慎评价和筛选优质的读物。在阅读活动中要将多样性与经典化相结合，将博览群书与精读深思相结合，将读经典原著原文与参阅注解评析类作品相结合。同时，具有娱乐消遣性质的浅阅读和具有思考性质的深阅读二者之间有明显差异，两种阅读方式产生的阅读体验也会有不同的效果。高校要引导师生平衡选择娱乐阅读和深度阅读，不能一味沉溺于消磨时间的浅阅读，也要在阅读中对文本开展深度思考，体验深度阅读带来的思想碰撞，重视理解知识的过程。

（三）深刻理解阅读的意义

阅读的意义是人们在阅读活动中逐渐探索、形成的深刻总结。追寻和理解阅读的意义有助于形成更多有价值的阅读思考。古人在长期的阅读实践中，总结了很多阅读理论，强调了阅读的意义不能仅限于对文本的阅读，而是要通过阅读进行知识理解、思考，通过吸收书籍的理论精华，再运用到实际生活中，将书本上的理论付诸实践。阅读书籍中的思想与内涵，不仅要教会人们明理辨是非，也需要读者将这些道理内化于心，外化为行，在生活中守住道德操守、践行道德理念。可见，这种博学与笃行并重的阅读过程让阅读的意义更为凸显，启示人们阅读的意义在于超越现实世界来构建人类的精神生活，这在当代依然有着极其深刻的指导价值。在现代社会，阅读应该是为了更好地完善自我、传播正向思想、提高社会文明程度，读者通过阅读去学习、领悟、守道、践行，形成一条从学到悟再到行的阅读追求历程，正如明代王阳明倡导的知行合一思想。高校读者在长期的阅读活动中，也要将阅读行为当作自我探索、自我审视和自我提升的过程，在深刻理解阅读意义的过程中构建更为丰富的精神世界。

三、借鉴学习古今阅读思想与理论

阅读文化与社会思想是紧密相连的，社会思想影响着阅读思想的演进。先秦诸子百家争鸣、宋元理学到明清实学、西学东渐等无不对阅读思想的发展产生了深刻影响，也产生了各类阅读理论，与社会各阶层的阅读行为共同构筑了丰富的阅读历史。高校要积极挖掘古今阅读思想与理论，将其作为教育资源，进一步丰富高校阅读文化的支撑内涵，帮助读者从阅读思想中了解阅读发展史，在阅读典故中感受先贤的阅读追求，在古今阅读方法中吸收经验，完善自身阅读能力，从而树立正确的阅读价值观。

（一）了解古代阅读思想以感受阅读发展史

人类社会发展逐渐形成了脑力劳动与体力劳动的分工，这为阅读活动的发展提供了条件。中国在夏商时期就有了早期读者群体，春秋战国时期社会阶层的变革让士族发展成为新的阅读群体。先秦百家争鸣，其思想的交锋也体现为人们对阅读思想的不同看法，人们的阅读动机和思想因为个人追求而呈现差异，诸家学说提倡的读书理念也各有不同。儒家主张通过读书以明道修身，而墨家、法家等认为读书应该注重实用性与功利性，道家则反对求知，提出了"绝学无忧"的观点。直到西汉时期汉武帝"罢黜百家，独尊儒术"，确立了儒家思想的地位，人们的阅读亦逐渐向着儒家所提倡的方向演进。到魏晋南北朝时期，社会流行清谈之风，社会阅读思想的自觉性也在大大提升。而后社会著述活动日益丰富、文献载体发生演变，为阅读思想与理论发展提供了良好的条件。文化繁荣的隋唐两宋时期，人才辈出，社会阅读和图书著述活动日渐高涨，形成了很多系统的阅读理论，情趣盎然的阅读生活成为社会的亮点。到明清时社会阅读呈繁荣之势，随着西方思想的传入，阅读思想向着功用性和实用性方向发展。西学东渐的思潮又让国人将阅读视野转向了世界，阅读选择逐渐增加，阅读思想也向更加多元的方向发展。

（二）参阅古代阅读典故以吸取经验

中国自古就是崇尚阅读的国度，历史上有很多关于阅读的名人典故，从这些阅读故事中可以窥寻古人的阅读思想和追求，作为当代读者的参考借鉴。古代很多帝王也热爱阅读，起到了积极的典范作用，如汉高祖刘邦在称帝后也尊重读书、勤于读书，并告诫太子天下"马上得之不可以马上治之"[1]，要求太子勤奋读书。南北朝时期的梁元帝萧绎是才子皇帝，史书赞其聪敏好学、博综群书、下笔成章、出言为论，在当时的文人中也是首屈一指的。宋太宗赵匡胤酷嗜读书，称自己最大的爱好就是读书，提出了王者虽以武功克定，还是要文德治政的观点。在古代社会中帝王将相、名士清流等都将读书视为修身立德、齐家治国的重要基础。很多寒窗苦读的学子都将满腔热情献于勤学苦读，他们认为阅读就是与古人神交和修身养性，通过读书可以实现自己的人生追求，例

---

[1] 许欢：《万卷古今消永日：中国古代的阅读世界》，海洋出版社，2019年，第13页。

如头悬梁锥刺股、割席而坐、孙康映雪、祖莹藏火等，充分体现了古人笃志好学、勤学不怠、博学多闻和坚持不懈的阅读精神。

（三）学习古今阅读方法以提升自身阅读能力

读书方法是阅读理论体系的重要组成部分，选择适合的阅读方法与自身阅读方式融合，可以提高阅读效率和养成良好的阅读习惯。古代阅读方法理论成果颇丰，众多文人学者都总结了自己认为有益的读书方法。孔子提倡学思结合的读书方法，晋代陶渊明提出不求甚解的读书方法，唐代韩愈总结的提要钩玄读书之法，宋代苏轼有八面受敌读书法，黄庭坚有精熟读书法，陆九渊的优游读书法，朱熹读书的穷理六法，明代张溥的"七焚"读书法，清代蒲松龄的"五要"读书法等。现代阅读中也常有诵读法、听读法、略读法等阅读指导理论。阅读中还要重视利用书目推荐的功能，让初学读者能得其门而入。可以参考一些经典书目推荐，如当代出版的各类传统文化经典读本[①]，一些高校出版的经典导读教材等；鼓励师生积极参加图书馆开展的经典导读活动等。总之，高校读者要善于学习借鉴各种优秀阅读方法，让阅读活动更加得心应手，不断提高阅读水平，在阅读中探赜索隐、怡情养志以追求更高层次的自我修养。

（四）赏析传统阅读中的主题文献以领悟求知精神

古代有很多阅读主题的经典文献，涉及诗词、散文等。通过赏析这些传统经典文献，感受其中蕴含的阅读思想，可以深化高校读者对阅读的历史认知，深刻领悟古人的求知精神与阅读情感。这里列举一些脍炙人口、流传广泛的阅读主题相关诗词作品。

劝 学[②]
［唐］颜真卿

三更灯火五更鸡，正是男儿读书时。
黑发不知勤学早，白首方悔读书迟。

---

① 参见袁行霈主编：《中华传统文化百部经典》，国家图书馆出版社，2020年。
② 任永和编·书：《古代劝学佳句集锦：任永和书》，齐鲁书社，2014年，第26页。

奉赠韦左丞丈二十二韵（节选）①
[唐] 杜甫

纨绔不饿死，儒冠多误身。
丈人试静听，贱子请具陈。
甫昔少年日，早充观国宾。
读书破万卷，下笔如有神。

白鹿洞二首·之一②
[唐] 王贞白

读书不觉已春深，一寸光阴一寸金。
不是道人来引笑，周情孔思正追寻。

劝学诗③
[宋] 赵恒

富家不用买良田，书中自有千钟粟。
安居不用架高堂，书中自有黄金屋。
出门莫恨无人随，书中车马多如簇。
娶妻莫恨无良媒，书中自有颜如玉。
男儿欲遂平生志，六经勤向窗前读。

观书有感·之一④
[宋] 朱熹

半亩方塘一鉴开，天光云影共徘徊。
问渠那得清如许？为有源头活水来。

---

① 施树禄编著：《全唐诗》，中国言实出版社，2016年，第400页。
② 任永和编·书：《古代劝学佳句集锦：任永和书》，齐鲁书社，2014年，第69页。
③ 任永和编·书：《古代劝学佳句集锦：任永和书》，齐鲁书社，2014年，第35页。
④ 任永和编·书：《古代劝学佳句集锦：任永和书》，齐鲁书社，2014年，第13页。

第二节 高校阅读文化的建设保障

一、高校促进阅读的政策支持

当前，国家和各地方都在陆续出台促进阅读的相关政策，持续加强全民阅读保障制度的制定与实施。而高校阅读文化的长远发展也离不开学校政策对阅读文化的支持，只有学校层面将促进阅读作为重要考量，对其产生实质性的重视和认同，并提供相关政策保障，才能推动阅读文化建设向更好的方向发展，使阅读文化建设能形成长效机制。高校要做好促进阅读的政策的顶层设计，确立好政策导向，确定阅读文化建设主体机构，注重政策措施的系统性、协同性和操作性。

一方面，高校政策的支持能体现对阅读文化建设的物质支持，促进高校统筹整合的相关资金，有效保障阅读资源、阅读环境、阅读服务等方面的建设，例如高校图书馆的文献资源建设，智慧阅读设备与资源的建设，图书馆、阅览室等阅读场所的改造、扩建和优化等。另一方面，相关政策支持能促进阅读文化在高校读者中地位和影响力的提升，例如高校可以将阅读活动与课程学分、第二课堂综合素质分等相联系，整合师资力量做好课程设计，面向大学生开展阅读能力、阅读习惯养成、经典导读、阅读指导等方面的课程，以课程为媒介提高大学生对阅读的重视。高校也可以借助现代化手段制作阅读主题的慕课、微课等，通过各种新媒体渠道在高校中广泛传播，打造阅读文化课程的品牌，提高读者共识。高校还可以针对不同年级、专业等开展阅读监测，发布高校阅读报告等，精准掌握高校阅读情况，为高校常态化开展阅读文化活动提供参考。高校政策支持能更好地发动校内各院系、职能部门共同参与阅读文化建设，促使校内各部门形成联动机制，加深阅读文化建设学校内各部门间的合作力度。

二、高校图书馆的责任与使命

图书馆是人类记忆的"公共大脑"，是传承社会历史和文明、传播保存文化知识的重要社会中介机构，从古到今都承担着传播人类文化、促进社会进步的重任。在当代各类型图书馆中，高校图书馆数量众多、责任重大，是现代图书馆事业的主要构成部分。当前，高校图书馆是学校办学水平的重要体现，也是校园的学术和文化机构，这已然成为社会共识。《普通高等学校图书馆规程》就明确指出了高等学校图书馆是学校的文献信息资源中心，是为人才培养和科学研究服务的学术性机构，也是校园文化和社会文化建设的重要基地。[1]习近平总书记在给国家图书馆老专家的回信中也指出："图书馆是国家文化发展水平的重要标志，是滋养民族心灵、培育文化自信的重要场所。"[2] 高校图书馆应充分发挥在学校人才培养、科学研究、社会服务和文化传承创新中的作用，不断拓展和深化业务服务，积极参与学校人才培养、信息化建设和校园文化建设，积极开展阅读推广等文化活动。

因此，高校图书馆是校园文化的有机组成部分之一，服务于人才培养，是高校历史文化发展脉络的见证者，有条件、有能力、有责任参与到校园阅读文化建设中。图书馆应承担起高校阅读文化建设者、推广者的责任，这是履行全民阅读这一新时代赋予高校图书馆的历史使命，也是高校图书馆主动融入学校"三全育人"，助推培养社会主义合格建设者和接班人积极作为的表现。高校图书馆可以发挥实体资源优势、文化优势、教育优势，承担起高校阅读文化建设重任，成为高校阅读文化的建设主体机构之一，让师生感受阅读文化、品味阅读文化、认同阅读文化，最后共同创造更优秀的高校阅读文化，形成良好的阅读氛围。以阅读文化的高质量发展提升校园文化层次，发挥图书馆文化育人的力量，并助力高校德育工作，为实现高校发展目标与人才培养目标注入的新活力。

一方面，高校图书馆要做好整体规划，构建服务规范。高校图书馆应开展高校阅读文化建设，需要从高校的全局角度出发，对阅读文化各要素展开统筹分析，以高校读者的需求为导向，不断更新观念以契合时代主题，力求贴近高校读者的思想认知与学习科研生活。高校图书馆也要根据学校促进阅读的相关政策框架，制定具有指导性和可操作性的规章制度和相关管理办法，明确阅读文化建设岗位及人员职责、各项阅读推广工作的流程及细节。由此减少阅读文化建设中的主观性和随意性，发挥高校图书馆各部门之间、图书馆与其他单位之间的协同优势，使各类保障政策有章可循和统一协调。

---

[1] 《教育部关于印发〈普通高等学校图书馆规程〉的通知》，（2016-01-04）[2022-08-16]，http://www.moe.gov.cn/srcsite/A08/moe_736/s3886/201601/t20160120_228487.html。

[2] 《习近平给国家图书馆老专家回信》，（2019-09-09）[2022-08-16]，http://www.gov.cn/xinwen/2019-09/09/content_5428592.htm。

另一方面，高校图书馆要重视阅读文化的理论研究，开展建设成果总结与建设经验调研，不断推进阅读文化建设的理论与实践融合。高校阅读文化内涵会随着时代发展不断更新，而正确把握阅读文化理论前沿是创新发展的重要支撑。高校图书馆应提升理论研究意识，深入开展文献资源建设、阅读推广形式及管理等方面的理论研究，认真总结过往阅读文化建设的理论与实践成果，为今后的阅读文化建设提供理论基础与智力支持。同时要善于学习其他高校阅读文化建设的先进经验，积极调研各类型图书馆阅读推广的工作情况，汲取它们成功的经验和实践成果，持续改进和完善已有阅读文化建设措施，结合自身实践不断探索科学合理、特色鲜明的阅读文化发展路径。

三、高校阅读推广人培育

阅读推广人是具有一定资质，可以传递阅读价值观、开展阅读指导、提升阅读兴趣、提高阅读品味的专业与业余人士。阅读推广人作为阅读服务人员，可以让更多读者能参与到阅读活动中，加强阅读推广工作实效。全民阅读的蓬勃开展让阅读推广工作更加规范化、专业化，对阅读推广人的理论水平和专业技能水平也提出了更高要求，培育专业的阅读推广人才越来越受到重视。很多行业协会、民间组织等纷纷举办不同类型的阅读推广人短期培训，也取得了一些成效，例如中国图书馆学会自2016年起每年组织开展多种类型的"阅读推广人"培育行动。中国图书馆学会还组织专家学者编写并陆续出版系列教材作为重要的学习资料。[①]

高校阅读文化建设要依托各类阅读服务才能得以实现，而阅读服务人员专业素养的高低直接决定了阅读文化推广效果的好坏。虽然一直以来阅读服务是高校图书馆的基本服务内容，但随着阅读服务向着更深内涵和更现代化的方向发展，阅读服务手段、管理制度、人员队伍等方面的不足也逐渐显现。当代高校专业的"阅读推广"人才培养严重缺位，造成很多高校阅读文化发展出现了瓶颈。为更好地建设阅读文化，高校也应该重视对"阅读推广人"的培育，提升图书馆馆员的综合能力，形成规范的培训体系，科学设置专门的阅读推广岗位。选取优秀的"阅读推广人"专门负责统筹、规划与指导阅读文化建设工作，让高校阅读文化建设者队伍始终保持活力与竞争力，使各项阅读服务工作

---

① 王天泥：《图书馆建立阅读推广人制度研究》，《河北科技图苑》，2015年第28卷第6期，第61~64页。

得到推进。

（一）科学设计培训原则

在阅读推广人培育中，培训原则具有导向性和规范性等功能，严格遵循培训原则可以使培训过程不至于偏离原有的培训目标，促进各项培训内容达到预期目标。因此，科学设置阅读推广人的培训原则，制定阅读服务能力标准，可以从战略目标、适时调整、统筹兼顾、分层进阶、突出重点等五个方面考虑。

战略目标原则是以结果导向为中心，要根据高校读者的实际情况和阅读文化建设方向拟订培训计划。适时调整原则要求在培训过程中不能一成不变，应适时调整培训的内容和方式，构建一个动态开放的培训体系。统筹兼顾原则是指培训体系的构建一定要以战略目标为基础，总揽全局、科学谋划，同时要兼顾参加培训人员的个人发展，达到组织发展和个人进步双赢的效果。分层进阶原则是考虑到高校参与阅读文化建设的人员在知识结构、学历层次、专业背景等方面都不尽相同，如果按统一的"阅读推广人"的培训标准、内容和方式，势必会造成部分人员培训效果的不理想，难以完成培训任务。因此，可以采用分层进阶方式，根据人员情况有的放矢，提高培训时效，同时也可提高相关人员参与培训的积极性。突出重点原则是对在阅读文化建设中有突出贡献或具有发展潜力的人员在课程设计方面突出核心阅读服务和管理能力培养，对其进行重点培训，以期他们能快速成长并承担重要职责。

（二）合理分析培训需求

在"阅读推广人"培育中转变传统陈旧的培训观念，从单向的灌输式向交互式培训发展，开展对培训人员的需求分析。人员需求的情况不同就要求在进行培训需求分析时考虑培训对象的差异性和个性化，不能一概而论。要掌握承担阅读文化建设各人员的职责和要求，厘清谁需要培训、为什么要培训、用什么方式培训、培训内容是什么等问题。在培训对象的需求得到细化分析后，能更加有效开展"阅读推广人"的多元化分类培训，这样既能方便培训流程的整体管理，也能使培训形式、内容、评估等后续工作更易操作和规范化。面向培训对象需求的多元化分类培训方式，能够从不同角度培育阅读推广人的服务理念，更具有针对性地提升阅读服务综合能力，从而使阅读推广人的人才储备状况趋于稳定化、多样化和可持续化。

（三）多维度设计培训内容

高校图书馆作为阅读文化建设的主体机构，应该通过人才培育、岗位设置等形式建立起一支相对稳定的"阅读推广人"队伍，对其持续提供学习与培训机会以提高他们的阅读服务能力和水平。因此，设计多维度的培训内容对于持续培育"阅读推广人"尤为重要。首先，对于缺乏经验和理论基础的阅读推广新馆员，要鼓励他们系统学习图书馆学、阅读服务等方面的理论知识，促进他们在阅读推广工作理论基础方面的认知。并推行"岗位带教制"，采用"一对一"等形式，对新入职的"阅读推广人"在一定时间段的阅读推广工作进行全程指导，充分发挥"传、帮、带"的优势，开展阅读推广情景模拟体验和业务竞赛等，引导新入职的"阅读推广人"融入阅读推广环境、适应阅读服务工作，完成职业转换。其次，对于有阅读服务有经验的人员，可以重点引导他们努力提高阅读指导、阅读管理、活动组织策划等实践能力，以能力进阶为目标，采用线上与线下相结合、集中与自主相结合、外培与内训相结合的方式提高其业务能力。

（四）建立切实可行的培训计划

培育高校"阅读推广人"要达到理想效果，需要建立持续可行的培训实施制度，将培训计划落实到具体的培训工作中，如确定培训时间和场地、合理安排课程和进行培训评估等，保障培训工作的持续开展。在培训时间方面，要根据工作时间将培训相对固定在某个时段，保障培训的常态化，避免随意性。而培训场地是培训展开的必备硬件条件，场地的选择要与培训内容相契合，这也有助于受训者提升其学习效率，如实践培训中的场地可以直接利用日常的阅读服务场景。"阅读推广人"的培训课程设计应贴近实际、简明扼要、深入浅出、层次分明。在培训中可以搭建培训交流平台，方便馆员自主安排学习时间和学习内容，并可进行在线交流和互动，增强培训效果的实效性。多鼓励开展校内外培训交流活动，积极参加各行业协会举办的"阅读推广人"培训活动，让培训走出去、将经验引进来。在"阅读推广人"的培育过程中，定期开展培训评估也是十分重要的环节，这是对培训效果进行评估的重要途径和手段。通过评估能及时发现培训实施中的问题，总结经验，为下一轮培训提供可行性建议。

第三节　高校阅读文化的物质环境

一、高校图书馆的文献资源

高校图书馆馆藏是高校主要的阅读资源，也是阅读文化建设中重要的物质基础。高校图书馆要根据学校的专业特色和实际情况，构建内容丰富、特色鲜明、载体多元的馆藏文献资源体系，重视优质电子资源与纸质文献资源，持续提升高校文献资源质量与数量积累。高校要通过有质量、有深度、有价值文献供给，让高校读者能将文字的魅力转化为跨越时空的力量，充分领悟书籍中蕴含的知识与思想。高校图书馆在文献资源建设中要优化不同类型文献资源配置，聚焦专业特色、经典作品、红色文献、当代思潮等重点方向，将高校读者阅读兴趣与提升读者阅读品味相结合，夯实高校文献资源保障体系，具体做法如下。

一是要持续优化文献资源建设体系。不同高校、不同发展阶段的文献资源建设目标和标准、文献采编范围等都是动态多样的。除重点保障学科专业建设相关文献资源，还应考虑学校实际和读者需求等因素，开展图书荐购、需求调研等，制订科学合理的文献资源建设计划，以点带面、逐步完善。由于高校文献资源采购经费有限，就需要追求文献资源建设过程中经济效益的最大化，采购经费必然要有所侧重，这也就意味着无法保障所有文献种类。因此，可以整合多方资源优势，探索建立区域内高校文献资源共享联盟，开拓高校图书馆文献资源的共建共享。

二是打造多元数字化阅读态势。高校图书馆要主动适应信息时代发展的要求和大学生阅读新特点，营造优质的移动阅读环境，积极改善移动阅读娱乐化、浅阅读等弊端。为高校读者提供集深度性、思想性、互动性、广泛性为一体的电子文献资源。例如在图书馆网站主页嵌入电子图书资源入口，以信息门户的形式创建独立文献资源平台；利用移动图书馆、公众号、微博等平台开展书目推荐，开辟不同主题的新书推荐、经典推荐等栏目，向读者进行优质阅读资源推送。借助智慧图书馆等优势，提供多种智慧化阅读选择，引导读者充分利用馆藏电子图书资源。总之，在全民数字素养提升的号召下，高校也要培养大学生具有正确且高效获取数字化阅读资源的能力。

三是要严格开展文献资源筛选。高校图书馆在文献资源建设中必须保持高度的政治文化自觉与敏锐,谨慎筛选与评价入藏的文献资源,保障馆藏资源在意识形态、政治立场、文化导向等方面的正确性。特别是要防范一些负面消极、歪曲历史的文献资源,也要避免过多的庸俗化、娱乐化、消遣性的文献,体现高校图书馆馆藏资源的质量水平。总之,高校要传播优质且丰富的文献资源,挖掘馆藏文献的教育功能,帮助大学生坚定文化自信、筑牢中华文化记忆,发挥好高校文献资源的思想启迪作用。

二、建设高校阅读空间

高校文化空间是大学生第二课堂的重要场所,也是阅读文化建设要依托的物质环境。良好的阅读空间环境与设计可以促进读者的阅读行为,是阅读文化建设中不可忽视的硬件条件。高校要充分利用图书馆为大学生提供文献阅读空间、阅读成果展示空间、阅读推广活动空间等,深化阅读空间育人实践。也要为开展阅读文化活动提供更多场所选择,支撑阅读实体空间和虚拟空间实现对接与融合,为高校阅读文化搭建场所,为高校阅读空间价值赋予更深的意蕴。

第一,充分利用高校环境优势,因地制宜建设实体阅读空间。高校图书馆是大学生阅读学习的重要场所。根据高校图书馆现实空间布局,开辟相对固定、便利的区域成为高校读者的阅读场所,形成校园阅读中心。教学楼、学生公寓、大学生活动中心等公共场所也可以开设阅览室,将阅读空间延伸至大学生身边,扩充到校园各处,减少图书馆空间人员聚集的压力。

第二,积极延伸藏阅功能,打造阅读推广的活动空间。当前的高校图书馆空间已不局限于单一的阅读功能,而是向着文献资源藏阅、艺术展览、主题阅读、文化活动等为一体的复合阅读空间。高校读者在阅读空间中可以体验多种阅读文化活动,不仅可以阅览文献,还可以参观文化艺术展览,开展阅读交流会和研讨会等,在阅读空间中感受阅读文化的多重样态。

第三,充分利用技术创新成果,营造智慧化阅读空间。高校要积极营造"技术+设备"智慧化实体阅读环境,提供更多便捷智能的借阅服务设备。融合现代科技优势,把丰富的馆藏文献资源活化为可听可看、可读可感的生动素材,使高校读者能全方位获取阅读资源,例如在阅读传统空间融入人工智能等现代科技元素,融合如虚拟现实(VR)、增强现实(AR)、人工智能(AI)、云计算、5G等数字技术,用身临其境、可触摸、可融入的虚拟现实手段,营造沉浸式立体化的阅读观感。通过智慧化空间的互联感知优势,为读者提供影响更大、感染力更强的阅读体验，提升阅读行为的实效性与便捷性。

长期来看，高校阅读空间的建设与创新是一项持续性工作，需要不断更新阅读空间的建设理念，力求与时俱进，面向读者、面向未来、面向创新，围绕阅读服务、人文关怀、开放共享、智慧化用户体验等方面不断优化阅读空间建设。在满足高校阅读服务的基础功能上，为读者构建学科与艺术、技术与人文交融的符合生活美学、学习阅读功能的现代化阅读空间。阅读空间建设中也需要借助学校各部门的协同力量，鼓励各相关部门或读者积极建言献策，从多方面提出空间建设的创新思路，集思广益有序打造全方位的阅读空间。通过优质阅读空间赋予高校阅读文化更多的活力和能量，有效提升高校阅读服务水平，为高校读者提供满意的阅读文化空间环境。

三、阅读文化活动的经费支持

在当代全民阅读的热潮下，各高校都积极响应号召开展丰富的阅读文化活动。一般来说，高校开展阅读文化活动所需要进行的场地布置、活动用品和奖品采购、宣传设计推广等都需要资金支持才能完成。所以，要在高校开展多层次、覆盖广的阅读文化活动，吸引更多读者主动参与和长期参与，在校园内形成阅读文化氛围，获得活动经费支持是必要的。经费的短缺会使阅读文化活动开展范围缩小、推广方式陈旧、宣传力度不够，一些新颖而大型的阅读文化活动难以为继，阅读推广效果不明显，阅读文化活动影响力较弱。但在高校营造阅读文化氛围、培养读者阅读习惯是一项长期工作，需要通过各类推广手段对读者产生持续吸引力。很多高校图书馆没有专门用于开展阅读文化活动的经费，只能开展以基础阅读服务为主的阅读推广活动，这导致阅读文化活动活动过于单调枯燥，持续性和后续性较差，难以引起高校读者的持续关注，达不到预想的阅读文化传播效果。

因此，在高校阅读文化的物质支持中，经费支持是必不可少的。除高校本身需要制定相关的经费配套政策外，也可以积极寻找多种经费支持渠道，如高校图书馆在开展阅读文化活动时，可以积极联合校内各学院部门、学生社团等，整合各部门组织的资源优势，共同承担经费、共享活动资源。高校图书馆可以联合资源供应商和公共图书馆等，在校园内开展公益性质阅读文化活动，通过优势互补建立良性的阅读推广合作关系，推动阅读文化活动更加开放性和多样化。总的来说，只有拥有稳定的资金支持，才能保障各项阅读文化建设工作的顺利开展，在校园内实现良好的阅读推广效果。

第四节　高校阅读文化的推广行为

一、多元化的阅读文化活动

高校图书馆要运用多元化阅读推广手段,将教育资源与文化资源有机融入各类阅读文化活动中去,多角度、多形式、多平台打造阅读文化活动矩阵,让大学生在各类阅读文化活动中提升阅读兴趣、触发阅读感悟、达成阅读共识,充分激活高校阅读活力,多维展示阅读育人成效。

(一) 图书宣传类阅读文化活动

早期图书馆的阅读推广活动多以馆藏图书的推荐宣传为中心,通过各类荐读手段,吸引更多读者借阅馆藏书籍,提高图书馆的利用率。传统图书宣传类的阅读文化活动包括实体书展、书目推荐、阅读指导、经典共读等。随着时代发展,很多高校图书馆都借助新媒体平台开展线上图书荐读信息推送,还有如图书漂流、抄书接力等新颖的图书宣传活动。高校根据实际情况可将多种荐读手段进行组合,如将主题新书展与共读活动、图书馆漂流等活动有机结合。在这些活动中,融入阅读打卡和读后感分享等互动方式,增加高校阅读群体的交流沟通,鼓励读者畅所欲言、交流读书心得、产生思想碰撞。在书目推荐中除了图书馆原创的推荐书单和实体展台,还可以借鉴近当代出版的优秀书目推荐作品筛选图书,这些推荐书目经过专业的筛选与评价,获得了较广泛认可,可以提升高校图书推介活动的实效。

(二) 陈展鉴赏类阅读文化活动

随着现代阅读服务工作的日益深化,阅读文化活动不再仅仅关注提升图书借阅量的问题,而是更加贴近读者需求,开展以人为中心的阅读服务。高校图书馆逐渐将馆藏图书的宣传推广延伸到对传统文化、红色文化、艺术鉴赏等多方面的阅读推广,通过开展多主题、多层次的精品展陈,传播文化精神,例如联合学校相关部门和社团开展的以中华传统书画展、非物质文化遗产展、红色图文展等为主题活动。通过陈展的方式吸引更多读者到馆接触各类文化形式,激发读者兴趣,促使读者主动借阅相关馆藏图书进行深入学习,增强高校文化资源的表现力、传播力和影响力。高校还可以开展艺术鉴赏类的文化活动，整合与馆藏图书主题相关的影视、歌曲、书画等多类型作品，组织大学生进行作品赏析和分享交流，在深刻感悟作品灵魂、引发思考共鸣中加深阅读者印象，扩展其文化知识。

（三）竞赛类阅读文化活动

高校学子是充满激情的群体，在阅读文化活动中营造竞赛氛围有利于激发大学生的阅读兴趣，强化其参与体验感，以赛促学、以学促知。高校可以利用丰富的校园活动平台，开展多种形式的竞赛类阅读文化活动，展示大学生的拼搏风采，例如筛选特定馆藏图书作为参考，提取内容线索开展图书知识竞赛。开展多种主题知识竞赛，提供馆藏学习书目鼓励读者借阅；举行书评、读后感、读书演讲等评比活动，激励大学生开展深度阅读；举办原创书签设计、图书宣传海报、书偶形象设计、艺术图书设计等具有现代多元化的创新活动，锻炼读者的创造性思维。除了高校开展的原创阅读竞赛类活动，当前各级图书馆学会、高等学校图书情报工作委员会及网络平台等都在面向区域组织并开展不同级别的竞赛类阅读文化活动，搭建共学、共享、共建的线上阅读推广综合平台。高校图书馆可以积极协同地区各高校图书馆形成组织联动，通过加强校内推广力度带动专题阅读文化活动氛围，在校园内掀起"比学赶超"的浪潮，提升阅读文化活动的组织高度，增强读者参与阅读文化活动的归属感和荣誉感，激励大学生在阅读过程中互助竞争、共同进步。

（四）社会实践类阅读文化活动

高校阅读文化也是社会阅读文化的一部分，高校要发挥自身在区域内的阅读影响力，将阅读文化向校外更广阔的空间传播，带动当地形成浓厚的阅读氛围。高校大学生来自五湖四海，他们本身就是优秀的阅读文化传递者。高校通过开展具体阅读主题的社会实践活动，鼓励大学生利用寒暑假时间开展社会实践活动，积极组织阅读推广团队、担任书香使者，联合当地公共服务机构等开展阅读服务实践，如阅读进社区、阅读支教、儿童阅读指导等活动，将阅读理念散播到各自的家乡，让更多的人能参与到阅读队伍中。高校也要充分调动学生参与阅读服务的积极性，培养学生馆员、学生志愿者，设立阅读相关的学生组织，发动学生志愿者团队力量开展校内外阅读主题的社会实践。高校要主动为大学生提供社会实践平台，让大学生在各类阅读活动中锻炼交流及协作能力，在切身体验中深化对阅读文化的认识，使其成为传播阅读精神的中坚力量。

(五)"真人图书馆"活动

"真人图书馆"起源于 2000 年丹麦罗斯基勒音乐节,这种如同图书馆图书借阅服务的"借人"活动是一种具有开放性和交互性的图书馆资源综合利用新型阅读模式。"真人图书馆"的动态性体现在其馆藏是由个体组成的,他们身上所蕴含的特殊经历、思想学识都会成为读者感兴趣的焦点,针对某一特定领域,"真人图书馆"所带来的教育效应甚至超过传统实体图书馆馆藏的作用。"真人图书馆"自 2008 年传入我国后,逐渐推广至各高校及各公共图书馆,以其丰富的阅读文化活动形式和内容载体,助推高校阅读文化向更新颖、更灵活的方向发展。

"真人图书馆"所倡导的兼容包涵、求同存异、贴近现实的价值理念与当代教育观相吻合。将"真人图书馆"与德育相结合,可以有效消除思政教育过程中所存在的概念化、口号化、程式化和距离化等问题。高校可以收集不同类型的"真人读本",为读者提供"真人图书馆"活动的双向交流场景,将曾经只出现在书本或影视里的感人故事、革命精神等通过"真人读本"现实呈现,在面对面的交互场景中传递丰富的德育素材,让大学生与优秀榜样进行"思想对话",学习他们身上的闪光点。高校要挖掘"真人图书馆"在思想政治教育中的优势,结合当代大学生教育的新趋势和新特点,让大学生思想政治教育更有针对性、灵活性、融合性和共鸣性。"真人图书馆"这种新的教育模式能让读者直观感受到人性中真、善、美所焕发的魅力,帮助大学生培育正确的世界观、价值观、人生观,养成严谨的学风,培养高尚道德情操,树立社会责任意识等。高校要打造真人图书馆的新媒体宣传矩阵,利用微信、微博、抖音、QQ 等大学生广泛使用的新媒体工具开展对"真人图书馆"的宣传。

高校要创设"真人图书馆"活动的多维空间。传统方式的"真人图书馆"活动往往在图书馆、教室等固定封闭场所开展,随着现代信息技术的发展,大学生更倾向于开放式、网络化的沟通交流方式。因此,高校可以充分借助运用现代信息技术,创设虚实结合的"真人图书馆"教育空间,以实体教育空间为核心,逐渐向开放式虚拟化的"真人图书馆"方向发展,如利用多媒体网络空间、新媒体社交空间、全媒体传播手段等丰富的教育媒介,有效运用全媒体优势,使"真人图书馆"能突破时空的限制,营造多空间、多渠道和移动化的交流场景。

高校也需要制定"真人图书馆"活动开展时的保障措施。一是以高校图书馆为主的组织者要重视"真人图书馆"这种方式的教育功能，积极利用空间优势、文化优势和服务优势开展多种主题的"真人图书馆"活动，加大宣传力度，提高读者对"真人图书馆"的兴趣，同时加强对"真人图书"的维护；二是认真遴选"真人图书馆"文献对象，利用高校现有条件，制定科学的选取标准，如结合社会热点事件，持续关注和挖掘校内外的典型代表人物等，将符合"真人图书"标准的人物作为真人图书馆的备选文献，深化"真人图书"在大学生教育工作中的宣传推广、示范引领和实践共鸣功能；三是要严格制定"真人图书"的"借阅"规则和活动资料保存制度，对"真人图书"的借阅、管理、组织和监督等制定相应规则，结合自评与他评的方式，定期开展对"真人图书馆"的活动评估，持续优化"真人图书馆"活动方案，同时，也要妥善保存每次"真人图书馆"的活动资料，留存大学生参与"真人图书馆"活动的共同记忆。

（六）"阅读疗法"活动

"阅读疗法"就是以文献为媒介，将阅读作为保健、养生及辅助治疗疾病的手段，使自己或他人能通过对文献内容的学习、讨论和领悟，养护或恢复身心健康的一种方法。[1] 这种方式通过读者与图书等材料内容互动的形式，帮助读者从负面情绪中解脱出来，以达到治疗心理问题、促进心理健康、实现身心平衡的目的。"阅读疗法"一般由图书馆员或专业人士依据读者的个人情况，选择适合的阅读素材帮助他们进行自我心理治疗，通过找到精神力量以恢复心理状态。大学生除了要培养良好的知识素养，良好的心理素质也是必不可少的，心理状态会对他们未来的人生发展产生重要影响。当前大学生受到学业压力、就业和人际关系等因素的影响，心理压力较大。大学生的心理健康教育是不容忽视的，很多高校也在开展多元化、针对性的心理健康方面的教育。高校开展"阅读疗法"活动，不仅可以充分发挥高校本身的文献资源条件和基础设施优势，也能深入挖掘"阅读疗法"的契合性、保密性、经济便捷性和灵活性等优点，使其成为大学生心理健康教育的一种有效补充，丰富高校阅读文化在心理健康教育领域的实践发展。

（七）成果展示类阅读文化活动

高校通过长期开展各类阅读文化活动，日积月累会形成丰硕的成果，这也

---

[1] 王波编著：《阅读疗法》，海洋出版社，2014年，第16页。

需要重视打造展示宣传平台，制定优秀读者的宣传激励机制。高校定期向读者呈现阅读成果，打造属于高校读者专属的集体阅读记忆，树立读者自信，凝聚价值认同让读者在未来能更积极主动地参与阅读文化活动。高校应通过网络平台与实体空间妥善保存过往的阅读文化活动资料，将成果的收集与展示作为一项专项工作，或整理形成专题网站。开展阅读分享会、读书会等形式的阅读成果交流活动，为读者提供展示阅读心得的平台，促进高效阅读文化的传播。开展阅读榜样引领等评优系列活动，根据入馆次数、借阅量等数据评选阅读榜样，宣传展示优秀读者的阅读体验和经验，通过树立榜样激励广大高校读者学习优秀榜样。

二、高校图书馆的文化建设

（一）高校图书馆开展文化建设的必要性

高等学校图书馆是学校的文献信息资源中心，是为人才培养和科学研究服务的学术性机构，更是校园文化和社会文化建设的重要基地。高校图书馆应服务于人才培养，其重要环节便是文化的熏陶哺育，图书馆浓郁的文化气息也是高校阅读文化的有力体现。高校图书馆文化建设是图书馆发展过程中历久弥新的命题，而高校图书馆的文化建设也是高校阅读文化建设的组成部分之一，能为图书馆更好地推广阅读文化提供坚实的支撑。

随着社会文化的不断繁荣和多元化，高校图书馆应把握其文化建设的方向，提升其文化建设的水平，这是其作为校园文化阵地义不容辞的责任。高校图书馆应不断创新文化建设的发展模式，借鉴各行业先进的管理理论，探索系统的文化建设模型，让图书馆文化建设工作成为高校阅读文化发展的推动力。高校图书馆应以社会和学校的文化发展目标为指导，以传播优质阅读文化为方向，围绕学校的总体目标，着力策划并开展图书馆文化建设，创造性地探索文化建设方式、营造榜样文化、引领阅读潮流等，最终实现高校图书馆"文化兴馆、文化聚心、文化塑人"的目标，为深入开展高校阅读文化建设提供文化支持。

（二）高校图书馆文化建设的关键因素

将高校图书馆文化建设看作一个综合系统，剖析其文化建设中的关键因素，总结图书馆文化建设的方向、结构、制度、人员、风格和共同价值观六大要素，形成文化工作系统化的工作模式。各要素之间应充分融合互通，助推持续性、常态化的高校图书馆文化建设机制。

高校图书馆文化建设方向是在高校的校园文化、阅读文化的大背景下，对文化建设方向、途径、指导思想等进行系统规划，以便引导图书馆文化建设有序推进。这也是高校图书馆文化建设中的关键内容，是战略性与指导性的要素。文化建设的方向要加强对以下三方面的重视：一是高度重视政治方向，保持图书馆文化建设的正确方向不偏，牢牢把握阅读育人、文化兴校等大方向，培育社会主义核心价值观，助力学校培养德才兼备的时代新人；二是重视内涵提升，保持图书馆文化建设的发展力度不衰，达成内涵共识、营造发展环境，坚持科学发展、有序发展，让内涵提升成为文化建设经久不衰的力量源泉；三是重视成效反馈，注重图书馆文化建设的发展效果，通过成果展示、经验交流等方式形成良性发展态势，在文化建设中因地制宜、实事求是，努力打造有特色、有内涵的文化建设格局。

高校图书馆文化建设是一项系统工程，其涉及的人员、制度、流程等都需要适宜的组合方式及最优化的布置，文化设计要高起点、高标准、高格调。文化建设顶层设计要思路清楚且高屋建瓴，能引导大学生实现热爱读书、善于思辨，助力大学育人成才的目标。文化结构的运行要上规模、上台阶、上档次。文化建设组织形式要有规模，并提高到学校层次，争取到学校各级机关和相关职能部门的高度重视。文化建设管理方式要逐步提升，明确相关责任部门和人员的职责，文化建设管理理念要有未雨绸缪的前瞻性，关注其创新发展，注重实际运行成效。通过不断调整完善的文化结构形成由点到面、由散到整、由上而下的文化建设合力。

制度是文化建设的引领与指南，通过制度引导图书馆重视文化建设，是实现建设目标、发挥图书馆文化功能的必然要求。高校图书馆文化建设要有章可循，以保障文化建设能落到实处。制度建设应该从文化建设的核心战略出发，建立图书馆文化的制度体系，制定具有规范性、指导性和约束力的制度文件，以制度引导文化建设过程，以制度管理和控制文化建设。通过图书馆文化建设制度来促进其文化精神培育，使其文化建设的使命和愿景更具有现实意义和可操作性。

文化人员是高校图书馆文化建设能否实现预期目标的核心要素，文化人员的水平决定着图书馆文化建设的最终水平和效果。文化建设的实施最终离不开人才队伍，而文化建设的最终成果取决于人才队伍的素质。高校图书馆文化建设的战略、结构和制度等都必须依靠图书馆馆员来实现，馆员队伍对图书馆文化建设起着关键作用。因此,"人"始终是图书馆文化建设发展的动力和支点,其代表着图书馆的文化品味。文化建设需要以人为本,挖掘人才特色,发挥才干,兼顾员工特长和岗位需求,充分调动图书馆馆员在文化建设方面的工作积极性,多渠道和立体化提高馆员的综合素质,通过队伍建设优化人员结构,通过组织文化来塑造、激励、凝聚图书馆馆员。

文化风格是高校图书馆文化行为和观念的体现,是能被高校读者认识和体会到的文化特征,是相对稳定的和内在的,反映了图书馆文化的价值观等内在特性。图书馆的文化建设必须牢牢以社会主义核心价值观为核心要义和基本内涵。文化风格必须要贯彻党中央对文化建设的大方向和大要求,并落实到具体的文化建设实践中,把图书馆的组织文化、制度文化、阅读文化与主流文化风格相融合,把文化自信纳入文化建设体系,坚持高校图书馆文化风格的先进性。

共同价值观是文化建设核心价值的体现,反映了整个图书馆文化建设的灵魂,是图书馆在长期文化工作实践中培育而成的,能激发全体馆员甚至高校读者的文化向往、文化热情、文化修养和文化实践,最终潜移默化地成为高校图书馆馆员和高校读者共同的行为准则。共同价值观的形成是一个长期而持续的过程,是高校图书馆在进行文化建设中逐渐形成和培育的,如高校读者对书香校园的共识、对善读书和爱读书的推崇以及图书馆馆员言传身教、服务至上的阅读服务精神等。通过共同价值观的精神教育和精神引领,可以使高校图书馆形成良好的精神风貌与文化氛围。

(三)推动高校图书馆文化建设的建议

高校图书馆文化建设的六个关键要素可以有机整合,建构完整的高校图书馆文化建设模式。该模式中各要素之间不是独立的存在,而是互相联系和相互交融的,各要素之间互相牵引共同形成了完整的体系。在该模式中,每个要素代表着不同的内涵,发挥着不同的功能,在共同价值观的核心作用下,其他要素合力助推着图书馆向共同的文化目标前进。

高校图书文化建设模式以共同价值观要素为中心,其内涵辐射于其他五个要素中,使每个要素都能具有其所需建设文化类型的独特标签。而文化方向的引导性和全局性决定了其他要素的设计必须要符合文化建设的总方向,使所有要素在战略框架中共同达成文化建设目标。文化制度则需要适应文化战略的规划,文化制度是文化精神和战略思想的具体体现,所以应制定与文化战略思想相符的制度体系。文化结构能从形式上将各种要素进行有机整合,规范各要素的关系。文化结构直接为文化战略和文化制度服务，它充分协调各要素是为达成文化建设目标发挥作用。文化风格体现了文件建设的理念，并直接影响着文化制度、文化人员的类型和方向，不同的文化风格培育了不同的人才类型和素质内涵。文化人员是文化建设过程中的精神支柱，所有文化建设构想必须依靠文化人员才能变为现实，而具备能力素质的文化人员就是文化建设中不可或缺的人才。总的来说，每个要素之间的内外部联系，将整个文化建设形成了相互协同的整体。文化战略、文化结构和文化制度为其他要素提供了思路、支撑和保障，而其他要素则持续更新了战略、结构、制度。各要素的相互促进从而推动理论性要素完成了实践性转换，最终协同推动了文化建设目标的完成。

1. 强化战略意识，优化结构提升文化建设内涵

高校图书馆文化建设的战略是图书馆文化事业的灵魂和航标。文化战略体现了图书馆的宗旨与价值存在，是图书馆承担着校园文化发展责任的战略体现。在文化建设中，文化的感染力和图书馆的文化宗旨能使参与文化建设的图书馆馆员进一步提升责任感与使命感，同时促使图书馆馆员克服职业倦怠和困惑，唤起与提升图书馆馆员的自信心，增强图书馆文化的凝聚力和向心力。图书馆需要紧紧围绕战略规划与发展目标，优化文化建设结构，根据学校发展的需求制订计划、开展工作。图书馆可以围绕读者第一、服务至上、阅读育人等基本理念，实现由单一文化服务向多元阅读文化服务、随机性文化服务向规范性文化服务、被动文化建设向主动提升文化内涵的三大转变，探索深层次、专业化、知识化的文化建设结构，在文化建设的实践中整合、挖掘图书馆文化资源优势和阅读服务能力，切实将文化战略有效体现在文化结构中。

2. 强化制度意识，把握风格落实文化建设保障

高校图书馆文化建设需要制度来保障建设的有序推进，在制度中也同样需要体现新时代的文化风格。制度是规范文化建设的必不可少的因素，科学合理的制度能促进文化建设的发展进程，保障文化建设水平。时代的发展赋予了图书馆动态的文化内涵，从传统图书馆到数字图书馆再到智慧图书馆，每种类型的图书馆都需要文化做内涵支持，这就需要文化建设的制度具有动态性、适应性和时代性等特征。面对不断变化的文化建设需求，必须要将符合实际的文化建设需求和文化风格作为一切文化工作的出发点和落脚点，要将文化建设风格始终和社会主义文化建设紧密结合。只有将制度有效地贯彻到文化建设工作过程中，充分发挥制度的指导性、鞭策性和规范性作用，才能让文化建设过程有

章可依，避免文化建设工作出现方向和路线的偏离，保障文化成果能依循文化战略的路径。

3. 强化人才意识，凝聚团队提升文化建设水平

图书馆的工作者是一个图书馆成败的关键因素之一。同样，高校图书馆文化建设的水平也与馆员人才队伍的素质密不可分。图书馆应从建立共同愿景进行目标激励着手，多层次和立体化地提升图书馆馆员的素质，打造学习型文化氛围，促使图书馆馆员养成终身学习的习惯，达到互相学习力争上游的和谐团队氛围。除员工自身的内涵建设之外，图书馆还需要全方位打造先进的组织文化，给图书馆馆员以人性化的关心和尊重，在制度上给予他们更多的保障，以提高图书馆馆员的归属感与忠诚度，促使他们以主人翁的精神投入图书馆的文化建设工作中。这些队伍建设不仅可提高馆员的素养，也可改变馆员在读者心中的形象，促进馆员与读者的和谐关系，让图书馆馆员通过内强素质外树形象达到文化建设的需求。强化人才意识使文化建设成果不仅体现在硬件层面，也能惠及图书馆馆员的精神层面，促进图书馆人才建设发展，会不断提升文化建设水平。

4. 强化共同价值观，深度参与共促文化建设发展

高度认可的共同价值观可以将图书馆文化与图书馆馆员及读者相互融合，通过图书馆馆员及读者的深度参与去构建高校图书馆本身与相关参与者共生共赢、良性互动的文化生态。在文化建设中凸显人文关怀，打造以读者为中心的阅读环境文化，使读者能因图书馆而产生愉悦与文化需求。图书馆要将阅读推广作为文化传播与文化培养的重要途径，在阅读推广中充分与读者互动，借助文化的吸引力积极应对数字时代高校图书馆面临的挑战，开展富有文化创意的阅读推广工作，让阅读推广的成果对文化建设形成强大的反推作用，使读者深度参与图书馆的文化建设工作，与图书馆馆员共同建设，赋予其图书馆文化主人翁意识与责任感。图书馆要因势利导，积极拓宽与各类读者的交流渠道，创造一个积极、和谐、创新的文化建设氛围，将图书馆打造为图书馆馆员和读者的精神家园，充分发挥阅读文化的熏陶作用。

三、高校阅读文创产品开发

文创产品作为一种特殊的文化载体，当下已成为连接文化与创造思维的纽

带。文创产业是近年来兴起并发展较好的文化产业，除各大景区和博物馆等领域掀起的文创产品热潮外，很多高校也设计了特色文创产品，积极推广校园文化品牌，例如毕业季和校庆纪念品、校园系列文创等都受到在校师生和校友的喜爱，有力提升了高校文化影响力和知名度。高校阅读文化作为校园文化的一部分，除了要通过各类制度保障、物质支持和阅读文化活动等方式开展建设，也要积极探索文化传播新渠道，通过自我创新延续文创产品的发展活力与动力。不同高校的阅读文化均具有自身的特色，凭借文创产品的艺术魅力可以多方位展示高校阅读文化的独特内涵，从而助力高校文创产品更加特色化和深度化。

开发阅读文创产品从独特的角度颠覆了传统阅读文化的推广方式，为提升阅读文化在高校读者中的价值共识和影响力提供了新的思路。当代高校阅读文化发展会面临各种挑战和发展危机，高校阅读文化要持续高质量发展，更需要挖掘文化特色和凝聚建设力量，让阅读文化产品能成为推广高校全民阅读工作的文化名片，成为倡导全民阅读的一个有效载体，努力让阅读文化在高校读者群中全面渗透。

（一）现代文创产品的兴起

文创产品是依靠人的智慧、想法、思维和技能形成的文化载体，寄托着一定的文化内涵和精神，一般在现有的基础上进行创新和改造，并通过现代化手段形成具有额外附加值的产品。总的来说，文创产品就是产品化的创意，是以文化为基础，以创意为核心，通过产业化的方式进行生产、消费和营销，满足消费者的精神需要或宣传、推广消费者需要的产品。各式各样的物品都可以设计成文创产品，如旅游纪念品、办公用品、日常家居用品、艺术品等。一个独特的创意可以让一件普通产品增加文化附加值，让大众接受产品后面的文化和内涵并产生购买行为，使文创产品成为一张文化名片。

中国自古就是文明古国和礼仪之邦。中国的"礼"文化随处可见，"礼"的含义还有很多，国人有在旅游时为家人、朋友及同事携带伴手礼的习惯，因此，各旅游景区、博物馆、社会组织等都尝试探索各自的文创之路，研究具有独特代表性的文创产品，以求吸引更多的社会公众关注，打造属于自己的文化名片。各行各业的文创产品如雨后春笋般蓬勃发展，大力推动着我国文化创意产业的形成与发展。很多高校也顺应文创行业的发展规律，积极探索文创产品的开发途径，为高校的文化影响力注入新的活力。

各行各业依托自身的文化资源积极开发文创产品，例如故宫博物院的文创当属众多文创产品中成功案例的代表之一,每年文创产品的销售额巨大。其收入主要用于成立研究机构和产品研发或发展公益性服务。类似这些成功的文创开发案例还有很多,如迪士尼等。不难看出优秀的文创产业能形成良性的传播循环,不仅能促进组织或行业的自身发展,也能创造更多的经济效益,形成文化推广效应。

(二)阅读文创产品的作用

一是可以增强高校图书馆号召阅读活动的宣传影响力。在新时代背景下,不管是公共图书馆,还是高校图书馆等各级各类图书馆,都需要积极宣传馆建特色、文献信息资源和阅读推广活动,吸引更多读者有效利用图书馆资源,提升图书馆的知名度和影响力,充分发挥其文献资源保障和学术中心的作用。图书馆可以通过给读者发放具有图书馆自身特色的文创产品,加深读者对图书馆的印象,增加读者对图书馆的认同感。例如将一些与阅读和学习相关的笔、笔记本、便利贴等用具设计成融入图书馆特色的文创产品,使读者使用物品时能联想到图书馆本身,在潜移默化中引起读者利用图书馆的兴趣,达到持续宣传推广的目的;图书馆在接待访问、对外交流、行业交流时,也可以将阅读文创产品作为礼品进行赠送和展示。这些有特色及文化内涵的文创产品,不仅能促进图书馆与图书馆之间的情感沟通,也是图书馆对外宣传文化特色与内涵的有效途径。

二是可以助推阅读文化活动开展。阅读文创产品开发可以有效结合全民阅读活动,让文创助力阅读推广工作走上新台阶。例如在高校的阅读文化活动中,可以将文创产品设计与阅读理念相融合,面向广大读者开展以阅读为主题的书签设计、书偶形象设计等。一方面,内容丰富、形式多样的活动能让读者感受到阅读文化活动的亲和力和创意。另一方面,也能让文化创意有依托,想法得以实现,从而促进高校阅读理念得到传播和共享,拓宽阅读推广途径。阅读文创产品能够充分发挥阅读文化在教育中的作用,将文创产品和读者阅读行为相结合,提升读者的人文素养和德育水平,弘扬社会主义核心价值观,培养和激发读者对阅读的兴趣,发挥图书馆在读书育人、文化育人和智慧育人等方面的作用,为建设书香社会提供精神动力和文化支持。

三是可以积极深化创新阅读文化内涵。阅读文创产品与高校阅读文化的发展意义应符合当代高校的读者需求,贴近校园生活。在文创产品设计中充分融入阅读文化,并不断探索阅读文化的内涵和发展方向,打造主题明确、与时俱进、贴近实际、立意深远的产品;在开发文创产品的同时,也能促使高校不断思考实现阅读、文化、育人三者的有机结合；阅读文创产品开发可以促进高校图书馆形成上下联动和全员参与的氛围，使文创产品成为高校图书馆文化交流的重要纽带。通过在阅读文创产品中结合高校发展特色，鼓励读者通过阅读励志省思、积极向上、以校为荣，借助文化产品优势充分营造阅读文化氛围，促进阅读文化内涵不断深化创新。

（三）阅读文创产品开发途径

高校阅读文创产品的开发要合理利用高校历史资源和图书馆的馆藏资源，融合特色馆藏和高校自身特点，明晰自身特色资源，开发兼具实用性与价值内涵的阅读文创产品，由此提升高校在阅读推广、宣传推广、创新服务方面的水平。

一是将高校所在的地方特色与馆藏特色结合。高校图书馆最大的优势就是文献资源十分丰富，而很多高校所在的地区也常常会有值得探寻的特点和历史文化。在开发阅读文创产品时可以大胆融合和积极创新，有了创意无限的想法，就能根据文献资源的内容，找到馆藏与地方特色之间的联系与亮点，开发兼具趣味性、实用性、文化性和历史性的阅读文创产品。以四川省图书馆为例，该馆曾将"杜甫与熊猫"作为开发的创意点，融合了文学性和现实性。杜甫是大家都知晓的历史名人，馆藏中不乏有其著作典藏。熊猫的国民认同度较高，而四川也是熊猫的故乡。这就使图书馆的文学馆藏与地方特色两者之间有了联系。四川省图书馆将二者巧妙结合，将馆藏特色与地方特色有机融合，设计了丰富多彩的阅读文创周边产品，有效提升了图书馆的影响力，增加了话题讨论度，吸引了更多读者到访。[①]

二是设计专属的阅读文化Logo提升品牌效应。当代视觉文化快速发展，一个独特专属的Logo形象会比文字更令人印象深刻。Logo作为徽标象征，也是文化创意和内涵浓缩的形象标识。阅读文创产品可以设计专属的标识，根据高校自身特色元素，经过提炼或加工设计后，形成独特的专属符号，通过阅读文化Logo传递高校阅读文化的精神、历史、特点等。阅读文化Logo可以成为高校文化建设、图书馆资源推广和阅读文化活动的重要符号。阅读文化Logo的作用主要体现在以下三个方面：首先是识别性，阅读文创产品的开发作为一种创新的宣传途径，其包装设计、推广宣传等都需要用Logo与其他产

---

① 王晓非：《公共图书馆文创工作现状及发展趋势探究——以四川省图书馆为例》，《四川戏剧》，2018年第12期，第189~192页。

品区分。其次是同一性，文创产品的设计及包装都能用上阅读文化Logo，用来形成统一的视觉效果，以实现有效而规范的宣传。最后是品牌性，在阅读文化活动和文创产品宣传等场景中不断使用Logo可以加深读者对阅读文化的符号记忆并使其留存于读者的脑海中。长远来看，当读者再次见到Logo时，就会联想到曾经购买的文创产品和高校阅读文化内涵，从而加深对阅读文化的认同。因此，专属Logo可以成为高校阅读文创产品的品牌标识，在长期使用中形成品牌效应，是文创产品发展和经营的重要元素。

三是融入高校建筑等具有特色的元素。高校的校园建筑也是高校文化的体现，每个高校都拥有特色的校园建筑物，例如高校图书馆、教学楼等都是学校的标志性建筑。当前很多高校建筑也从单一化走向了多元化，不再是中规中矩、千篇一律的建筑格局，逐渐衍变成彰显校园特色、体现文化精神的复合建筑体。因此，阅读文创产品可以充分体现高校的建筑特色，将一些建筑物的外部形象具象化，使校园环境形象成为阅读文创产品中的元素，将代表高校文化气质的建筑打造成读者心中的独特文创标识，为创造阅读文创品牌，塑造品牌价值提供更多的条件。

四是将现代科技与阅读文创产品相结合。当下自媒体热潮高涨，很多文创产品开发与互联网产业结合，开辟了一条新的发展路径。例如故宫博物院的文创开发和营销充分借助了现代科技手段，如电视媒体、网络媒介、电子生物等。故宫博物院联合电视台及网络媒介开设了一档大型历史真人互动文化类节目《上新了·故宫》，其主旨就是根据故宫现有的文物邀请嘉宾作为新品开发员跟随故宫工作人员深入了解每件藏品，然后与设计师和高校设计专业的大学生根据物品进行创作，每期节目都会衍生一个文化产品。[①] 可见，高校可以创新思路，借力现代科技与新兴传播渠道，全方位多角度设计、宣传、推广阅读文创产品，打造承载校园阅读文化故事的文创产品。

---

① 张可为：《融媒体时代故宫文化的传播——以〈上新了·故宫〉为例》，《新闻传播》，2022年第7期，第17~19页。

第四章 高校阅读文化建设的多重展现

第一节 高校传统经典阅读文化

中华优秀传统文化是中华民族创造的文明遗产与珍贵财富，蕴含的思想观念、人文精神、道德规范等构筑了中华民族的精神内核，也是中华民族自立于世界民族之林的精神力量。在《中共中央办公厅 国务院办公厅印发了〈关于实施中华优秀传统文化传承发展工程的意见〉》中首次以中央文件的形式专题阐述中华优秀传统文化的传承发展工作。[①] 经过漫长岁月的洗礼而留存至今的优秀文化典籍，是中华优秀传统文化的重要载体，饱含着中国传统文化基因，积淀中华民族最深沉的精神追求，是中华民族悠久社会文化的折射和反映。2021年，中共中央宣传部明确了一批中华优秀传统文化传承发展工程重点项目，再次强调中华典籍文化的继承、推广与创新。

高校是新时代人才培养的主阵地，也是全民阅读的重要阵地，引导着大学生阅读与热爱传统文化经典。积极构建传统经典阅读文化是传承中华优秀传统文化和培育大学生文化自信的主要举措，也是引导大学生树立正确思想观念的有效途径。如何开发好、传承好、利用好高校图书馆馆藏传统文化经典文献，深入挖掘经典中的内容价值和文化价值，保障中华优秀传统文化在高校的薪火相传，是高校传统经典阅读文化的实践重点。高校要以传统经典阅读文化助力文化发展，服务于社会主义文化繁荣发展的大局。

---

① 《中共中央办公厅 国务院办公厅印发〈关于实施中华优秀传统文化传承发展工程的意见〉》，（2017-01-25）[2022-08-17]，http://www.gov.cn/gongbao/content/2017/content_5171322.htm.

一、激发读者对传统经典阅读的兴趣

兴趣能引发并维持读者的好奇和注意，有效触发人们的阅读行为。激发读者对传统经典的阅读兴趣就是要从读者需求动机层面出发，调动读者的积极性，引起其好奇和注意，引导读者对传统经典作品进行有意识地选择，对内容产生探究的兴趣与愿望，使传统文化经典重回大众的阅读视野。这也需要高校重视经典阅读的宣传模式，融合图书馆馆藏信息资源、空间资源和新媒体等，利用高校图书馆的图书等物质基础与阅读推广主体等优势，挖掘经典作品的时代价值，打造阅读经典的文化氛围，激发高校读者对经典阅读的兴趣。

传统文化经典在创造性转化和创新性发展中会获得了持久的生命力。在开展传统经典阅读推广时，可以从当代大学生的兴趣热点与行为习惯出发，传播中华优秀传统文化、开发经典阅读创意项目，发掘"经典+现代时尚""经典+地域文化""经典+朗读者""经典+书房""经典+新媒体""图书馆+文化讲堂""经典+非物质文化遗产"等新模式，探索引起读者经典阅读兴趣的具体路径与措施。高校图书馆也要主动关注、积极参与到各类全国性的经典阅读推广活动中，借助官方组织的权威优势和资源，扩大经典阅读在高校的影响力。

在激发当代大学生对传统经典阅读兴趣的语境下，高校也要积极探索多途径的传统文化经典宣传模式，争取利用高校及区域内的资源优势，集各家之智、采众家之长，以实现合作共赢，以兴趣为启发搭建传统文化经典与大学生之间的桥梁，在新时代中散发传统文化经典的新魅力，如重庆大学图书馆的经典阅读推广融合了时尚热点与新媒体，推出微博阅读推广栏目《〈琅琊榜〉里你不得不看的那些书》，将当代时尚与传统经典阅读推荐相结合，将《史记》《淮南子》《神农本草经》等中国传统经典图书推荐给读者，受到读者广泛的喜爱和欢迎；[①] 北京师范大学图书馆将非物质文化遗产与阅读推广相融合，以"二十四节气"为主题开展经典阅读等活动，还有不少高校图书馆以中华传统节日为主线开设经典导读、古诗词吟唱讲堂等；[②] 沈阳师范大学图书馆先后开

[①] 郭文玲：《我国图书馆传统文化阅读推广研究现状与分析》，《图书情报工作》，2019年第63卷第16期，第121~131页。

[②] 郭文玲：《我国图书馆传统文化阅读推广研究现状与分析》，《图书情报工作》，2019年第63卷第16期，第121~131页。

展了"奉天烽火·盛京记忆"等具有明显地域文化特色的阅读推广活动[①]；发挥空间优势，并打造经典阅读场景，如参考深圳图书馆"南书房"经典阅读空间的成果案例。[②] 高校图书馆也可以建立特色"经典阅览空间"，配合开展线下经典阅读沙龙、经典品读雅集、阅读分享会等活动，将经典阅读实体化和具象化，激发到馆读者的探索兴趣。

此外，还可以利用书目推荐、经典共读、阅读打卡等带有指导性、进阶性、挑战性、互助性的形式，激发大学生完成经典阅读计划的欲望，如广州大学成立了包括以图书馆、校团委等在内的阅读推广中心，苏州大学、南京大学等将通识课程教育和经典阅读计划相结合。针对不同专业制订个性化阅读计划，编制通关式和具差异性的经典推荐书目，启迪大学生对经典阅读的重要性和读哪些经典等核心问题进行思考，为大学生提供研读经典和治学明理的门径。

二、使传统经典阅读贴近读者生活

传统经典作品不应该成为仅供专业学者研究的对象，经典阅读也不能成为远离大学生实际的口号和摆设，传统经典作品如果只在高校图书馆中束之高阁、展示在冰冷的屏幕上或出现正式的课堂与研讨会上，也就难以迸发经典的活力，不能和高校读者产生有机的心灵联结。经典阅读推广要重视大学生的内生机制培育，努力将经典阅读与大学生的日常生活、学习等需要和动机相结合，与大学生已有的经验相联系，突出经典阅读与大学生之间的关联性。使经典阅读贯穿在阅读文化活动和读者服务的过程中，让经典阅读推广不再是孤立存在的，而是与大学生的日常体验相结合，培育他们书林寻乐的情趣。让大学生通过经典阅读打开格局、提高修养，在经典作品中蕴含的哲理为大学生答疑解惑和指引方向，有利于培养新时代人才。

经典阅读推广也要适当契合当代大学生的数字化偏好和需求，不能盲目回避现代新媒体和信息技术，要充分利用最新的交流平台，实行多元化的推广方式，例如《中国汉字听写大会》《中国诗词大会》等节目，这些节目可以作为优秀案例用以借鉴，通过"寓教于乐""寓文于娱"的形式，让传统文化经典

---

① 王宇、刘偲偲：《地域文化视角的图书馆阅读推广创新——以沈阳师范大学图书馆为例》，《大学图书馆学报》，2017年第5期，第94~100页。
② 张岩：《从经典阅读到返本开新的文化建设——以深圳图书馆"南书房"经典阅读空间为例》，《图书馆论坛》，2016年第1期，第61~66页。

能走进大学生的课余生活。

　　经典阅读的重要作用之一就是使中华优秀传统文化深入人心，成为人们的一种文化素养。经典阅读推广要与阐释和弘扬社会主义核心价值观相结合发挥经典阅读的德育功能。把经典中的优秀传统文化融入时代语境与涵养大学生人文素质和道德品质相结合，寻找到经典阅读与大学生日常行为的联系性，例如在经典中反映值得今人学习的优良家风和经典中蕴含的礼仪传统等，可以加强大学生对社会公德、家庭美德、个人品德的认识和理解，树立其道德信念。

　　除了对大学生道德修养等方面的共情和启发，经典阅读对学习科研的启迪作用也能与大学生产生关联性。例如，诺贝尔生理学或医学奖获得者屠呦呦从东晋医书《肘后备急方》中发现了一个治疗寒热诸疟的药方："青蒿一握，以水二升渍，绞取汁，尽服之。"[①] 经过反复实验，屠呦呦终于提炼出青蒿素。这个案例充分展示了中医典籍对人类医学事业的伟大启迪，也是中华典籍为今人科研提供创造性启发的鲜活案例。高校在传统经典阅读文化建设中，也要积极挖掘、阐释和揭示类似具有现实意义的事例，引导鼓励大学生用当代眼光审视和解读传统文化经典作品，将经典作品的内在价值与自己的未来目标联系起来，寻求传统文化经典与大学生日常生活及学习科研的深度契合点，发挥阅读经典对帮助大学生成长成才的正向作用。

三、培育读者的传统经典阅读信心

　　传统经典阅读与很多普适性读物多有不同，某些经典读物会存在阅读门槛，对读者的阅读素养和阅读方式等提出了更高的要求。很多大学生由于某些经典文献的晦涩难懂就放弃阅读，或是因为阅读方法不正确而粗浅浏览。这就导致大学生因丧失了阅读的信心而对经典阅读望而却步或敬而远之。阅读文化一个重要的作用就是要引导不阅读的人感受阅读或乐趣，带动不善于阅读的人学会阅读，帮助更多读者进行高效阅读。因此，在经典阅读推广中不能忽视对大学生阅读信心的培育，要让参与经典阅读的大学生对自己所要达成的阅读目标有相应的知识经验准备，让大学生了解经典阅读方法，培育大学生会读经典或能读懂经典的自信，把经典阅读当作一种可被征服的挑战。

　　在经典阅读中要实现阅读方法与阅读内容融合，针对传统经典的特点挖掘

---

　　① 转引自朱盛山、聂阳、辛年香主编：《岭南医药文化》，中国中医药出版社，2012年，第320页。

经典的知识价值、审美价值、教育价值和文化价值，开展经典导读和阅读方法的指导，提升大学生阅读经典的自信心，从而提高其阅读兴趣并引导其自觉进行深入研习。例如，可以向大学生推荐展播相关的优秀纪录片，如《典籍里的中国》节目聚焦中华优秀文化典籍，甄选最值得讲述的经典作品，以"文化节目+戏剧+影视化"的方式，讲述典籍的成书和核心思想。还有《书房里的中国》《诗行天下》等节目，以故事化呈现古代典籍与当下的关系，传承中华文化之精髓。也可以借助"真人图书馆"，邀请社会名家、教师和大学生等分享阅读经典的感想与心得，打破大学生阅读经典的距离感和神秘感。

而关于经典的阅读方法，古代众多思想家、藏书家和文学家等也留下了宝贵的理论。例如韩愈提出的读书提要钩玄之法，认为记事者必提其要，纂言者必钩其玄。① 这种阅读方法强调在读书时要勤奋博览、多读多记，用此法也能精辟而简明地了解书中的主要内容。很多学者也提出了精读之法，朱熹提倡穷理六法，即循序渐进、熟读精思、虚心涵泳、切己体察、着紧用力、居敬持志。② 此外，古人提倡读书既要读懂内容知晓其义，也要跳出书本灵活处理实际问题，还要结合自身的理解指导实践。古人读书为现代经典阅读方法提供了丰富的素材，可将其融会贯通运用于阅读的经典指导中，帮助大学生在阅读经典过程中强化阅读能力，提高阅读自信。

四、满足读者的传统经典阅读期望

高校的传统经典阅读推广是一种长效性活动，大学生在参与经典阅读后，发现此类活动较符合他们的期望，因此产生了继续参与此类活动的动力，这是维持经典阅读动机的重要因素。这需要重视内外部强化作用让大学生产生经典阅读的满足感。经典阅读推广也是一个持续完善的过程，高校也要定期进行经典阅读推广满意度调查和需求调研，及时获得读者的评价和反馈，总结经验和完善经典阅读的推广方式，使经典阅读推广能更加符合读者预期。

高校传统经典阅读文化要引导大学生在经典阅读中感知中华传统文化传递的东方美学，使他们在获得阅读体验的同时能获得心灵浸润的满足感。在经典阅读活动中，要积极肯定开展经典阅读的学生，用言语或文字强化读者内心的自豪感，让他们意识到每一次的经典阅读都是新的收获，而日益熟练的阅读能

---

① 许欢：《万卷古今消永日：中国古代的阅读世界》，海洋出版社，2019年，第418~420页。
② 许欢：《万卷古今消永日：中国古代的阅读世界》，海洋出版社，2019年，第168~170页。

力和掌握的各种经典阅读的方法也是他们获得的新技能。例如，利用阅读榜样和同辈互助的效应，营造经典阅读分享会和经典阅读沙龙等交流沟通的场景，让有经典阅读经验的学生帮助或鼓励那些刚开始参与或尚在观望的学生。通过精神的内在激励维持大学生对经典阅读的积极态度或在经典阅读中给予适当的外部激励，为大学生提供鼓励性的物质奖励，如在参与性、竞赛性、趣味性或抽奖性的活动中设置不同等级的奖品，维持大学生持续参与经典阅读的期望。

高校的传统经典阅读活动是阅读推广策划者通过活动或其他手段将经典文献与信息主动呈献给读者。作为一项服务，满意度评价和需求调研就尤为重要。特别是高校图书馆要定期获取大学生的评价信息与需求信息，从而更好地从供给侧满足大学生的经典阅读需要，完善改进经典阅读推广活动，提供更多对大学生精神成长具有启迪意义的中国传统文化经典，激发大学生阅读经典的兴趣，调动其阅读积极性，启迪他们树立正确的世界观、人生观和价值观，循环递进式地开启下一主题的经典阅读推广。

第二节　高校红色阅读文化

大学生是社会主义建设的先锋力量，教育能引导大学生发扬红色传统、传承红色基因、赓续共产党人的精神血脉，这是高校红色教育的重要任务。红色书籍是红色文化的重要载体，广义的红色书籍包含所有与中国革命题材相关的书籍，红色书籍将革命历程记载下来，将红色精神凝练于字里行间。高校开展红色书籍阅读（以下简称红色阅读），建设高校红色阅读文化，可以助推大学生认同红色文化、强化红色记忆、弘扬红色精神、传承红色基因、加强思想教育。高校要将红色阅读内容、阅读文化、精神思想、实践路径进行深度融合，构建具有时代性、文化性、精神性和实践性的高校红色阅读生态。

一、强化高校红色阅读发展热度

红色阅读是政治理论学习的重要手段，在红色阅读中可以深刻领悟中国共产党为什么能、马克思主义为什么行、中国特色社会主义为什么好等道理，助推高校形成红色文化教育氛围。而高校的"大思政课"建设也能赋予高校红色阅读文化发展动力，带动红色阅读地位提升与价值巩固，促进红色阅读内容供给更适应时代发展需要，持续增强红色阅读的热度，为红色阅读提供丰富内涵与价值支撑。

（一）持续提高红色阅读的地位认同

红色阅读的地位是其在高校重视程度的直接反映。当前，红色阅读在高校越来越受到重视，红色阅读逐渐从过去的思政课堂向更多场景发展。高校需要借助自身的红色文献资源，帮助大家厘清红色历史渊源、理论内涵、建设成果，凸显红色阅读在党的理论认识中的地位，有效提升红色阅读在高校中的地位认同并寻求延续。一方面，红色阅读与红色教育有高度契合性，高校开展思政教育和红色教育可以辐射到红色阅读的文化建设中去，由此牵引红色阅读的纵深发展，推动高校对红色阅读的重新定位，为其持续提供各方面保障。另一方面，红色阅读推广者也要找准红色阅读在大学生思想政治教育中的作用，自觉肩负红色教育使命，用红色底蕴培育担当民族复兴大任的时代新人，以实效夯实红色阅读在高校的地位。

（二）巩固红色阅读的读者共识

红色经典作品饱含着深刻的红色基因，构筑了红色阅读的饱满内核，让红色阅读更有时代意义，教育价值更加明显。高校开展的爱国主义教育、党史学习教育等活动可使红色阅读的价值得到充分体现，强化红色阅读在知史爱国、知史爱党中发挥的作用。而高校红色阅读必须服务于高校红色教育，从而深化红色阅读对高校思政工作的辅助价值。红色阅读也能丰富高校阅读文化的内涵，提升高校阅读文化的政治高度。高校要深化读者对红色阅读的价值认识，促使红色阅读在培育大学生社会主义核心价值观、传承红色文化、弘扬红色精神等方面的价值得到广泛认可，打造稳定而持续的价值共识。

（三）优化红色文献的内容供给

习近平总书记强调："要抓好青少年学习教育，着力讲好党的故事、革命的故事、英雄的故事，厚植爱党、爱国、爱社会主义的情感，让红色基因、革命薪火代代传承。"[①] 当前很多红色文献主题宽泛无序、内容枯燥陈旧、载体形式单一。很多高校图书馆的借阅排行榜上都鲜有红色书籍，大学生阅读的红色书籍总体数量上还是偏少。一方面是由于当代大学生消遣式、娱乐化、功用性的阅读偏好，另一方面也由于红色书籍的宣传推广力度不足、优质红色书籍

---

① 习近平：《在党史学习教育动员大会上的讲话》，《求是》，2021年第7期，第17页。

供给不平衡。高校图书馆要以党史、新中国史、改革开放史、社会主义发展史等优秀的红色读物为主线，带动红色文献更新内容，优化红色文献的资源结构，构建特色鲜明、新颖多样、载体多元的红色文献资源体系，为高校红色教育提供丰富的素材选择。

二、拓宽高校红色阅读功能广度

高校作为人才培养重镇，必须将培育大学生的理想信念作为重要任务。红色阅读的发展方向要始终跟紧时代步伐，充分发挥其在培育大学生红色精神方面的作用，引导大学生坚定"四个自信"，进一步拓展红色阅读在培育文化自信与助推文化育人等方面的功能。

（一）把握红色阅读文化发展方向

红色阅读文化发展应该与社会的政治生态相互呼应，在构筑红色阅读文化中形成红色阅读思潮、坚定理想信念，为红色阅读文化发挥作用提供思想动力。红色阅读文化要体现"四个自信"，让大学生坚定对马克思主义的信仰、对中国特色社会主义的信念及对实现中华民族伟大复兴中国梦的信心。红色阅读文化要体现阅读的第二课堂优势，积极传播红色信念。红色阅读文化要积极化解大学生对思想政治理论的疏离感，帮助大学生积极体会红色文献蕴含的深刻含义。

（二）红色阅读丰富高校校园文化

高校校园文化对大学生有潜移默化的作用，要通过优秀校园文化增强大学生对红色文化的认同感。红色文化是中国共产党领导全国各族人民在革命、建设和改革进程中创造的以中国化马克思主义为核心的先进文化，彰显了伟大的民族精神和崇高的理想信念。在众多社会文化领域中，红色文化无疑是新时代坚定文化自信的核心基石之一。红色阅读能广泛传递红色文化，促进高校形成红色思潮，让先进的红色文化理念成为高校校园文化的底气，使校园文化能展现坚定信念的从容，传递自信进取的勇气。同时，红色阅读引导大学生主动接受红色书籍的熏陶，从而对社会主义先进文化产生最高层次的认同感，让红色文化的内涵力量成为大学生奋发有为、忠贞报国的不竭动力。

（三）红色阅读营造文化育人氛围

当前，世界多元文化思潮交锋明显，国外敌对势力对我国的思想侵蚀与文化渗透从未停止。因此，文化育人在高校思想意识形态教育中的作用必须引起人们重视。高校应以红色阅读为手段，以红色文化为中心，打造校园文化育人主阵地，宣传社会主义文化主旋律。一是借助红色阅读广泛传播红色文化，增强大学生对历史虚无主义等负面思潮的鉴别力和敏感度，自觉抵制"泛娱乐化"等思想的侵蚀。二是通过红色阅读向大学生持续输出正确的文化观念，帮助大学生树立正确的世界观、人生观和价值观。三是在红色阅读中引导大学生对红色文化产生情感共鸣，发挥红色文化在社会主义核心价值观中的育人功能。

三、筑牢高校红色阅读精神根基

红色精神是一种强大动力，让红色阅读能体现精神力量、发挥德育功能，是红色阅读文化的思想基础和精神根基，这对红色阅读推广者的道德示范作用提出了更高要求。

（一）深耕厚植红色阅读的精神高地

红色阅读应该筑牢传播红色思想的坚实阵地，弘扬中国共产党人的精神谱系，构筑涵养大学生精神世界、增强大学生信仰力量的精神高地。一百多年来，中国共产党形成了井冈山精神、长征精神、"两弹一星"精神、抗洪精神、抗震救灾精神、抗"疫"精神等，这一系列伟大精神既体现了党的坚定信念、根本宗旨、优良作风，也是红色阅读所要推广的精神力量。大学生在红色阅读中可以重温红色精神的深刻内涵，了解红色精神的思想意蕴，感悟红色精神的强大力量，在红色阅读文化的熏陶中提升政治修养，筑牢信仰之基、补足精神之钙、把稳思想之舵。

（二）全面提升红色阅读的德育功能

高校德育是高校的一项重要任务，红色阅读应该有效体现崇德思维，在阅读手段中加强道德指引，在阅读内容中融入道德风尚。首先，红色阅读要提供丰富的德育素材，让大学生能与道德标杆进行"思想对话"，体会"对党忠诚"的大德、"为民造福"的公德、"严于律己"的私德。其次，红色阅读要突出道德导向，让大学生从阅读活动中汲取正能量，助力大学生明大德、守公德、严私德，将崇德的境界扩大到红色阅读的道德引领中，提高大学生对思想意识的明辨性、自律性，促进大学生良好道德品质的形成与发展。

（三）充分发挥红色阅读推广者的正向引导作用

红色阅读必须通过阅读推广者予以实施，阅读推广者的一言一行所反映出的思想道德导向，也会对大学生的道德认知产生影响。这就要求实施者必须以身作则，提升自身的思想道德修养水平，成为道德的示范者、传播者和引导者。党的历史经验可以为"红色阅读"推广者提供宝贵启示，在党的光辉历程中，以李大钊、毛泽东为代表的众多革命先驱在中国共产党成立前后就利用图书馆开展红色宣传，如传播马列主义、团结进步青年、从事革命活动等。中国共产党人在艰苦的环境中仍然重视红色阅读，为普及红色文化、筑牢红色思想、教育民众、服务民众做出了积极贡献。中国共产党红色阅读的历史经验深刻启迪着当代的阅读推广者，使他们在传承先辈红色阅读经验中体悟示范引领的作用，红色阅读在实践中承担着正向引领大学生思想道德的重任。

四、打造高校红色阅读文化氛围

红色阅读文化最终要通过具体的红色阅读推广路径，打造高校红色阅读文化氛围。红色阅读推广应该重实践、有实效，开发具有新颖性、时代性、教育性的多元路径。创新方式凝聚红色阅读发展力量，防止和克服把红色阅读搞成应付的形式、故作高深的刻板说教、书阁中的概念游戏。以多元路径提升红色阅读制造学习热点、引领红色文化思潮、传承红色基因的能力，知行合一推动红色阅读长效机制，夯实红色阅读文化的路径保障。

（一）挖掘"真人读本"，凝聚红色榜样力量

老党员、老干部、老模范、老教师都是红色历史的亲历者和见证人，其人生阅历和感人事迹就是红色阅读的鲜活资源。高校应该挖掘本校或周边地区的红色"真人读本"，用好用活红色资源。通过邀请老党员进行报告会、座谈会，撰写访谈录、口述史等方式，将曾经只出现在书本或影视里的红色记忆通过"真人读本"这种面对面的方式呈现，让大学生能在与红色榜样对话交流中受到感染，增强红色阅读的亲和力、感染力和吸引力。同时，可以邀请红色历史研究专家、红色阅读爱好者等，结合党史事件、红色英雄人物等开展专题讲座

交流，分享红色学习经验，为大学生树立红色阅读学习榜样，通过专家示范与同辈影响，凝聚大学生对红色榜样的认同感，提升红色阅读对大学生的吸引力与感召力。

（二）开发场所价值，共建红色阅读空间

高校红色阅读并不是一项孤立的活动，而是高校图书馆与各院系、各职能部门之间的协作联动，以实现场所的优势互补，使校内各空间资源的作用得到充分发挥，设置红色书屋、红色走廊、红色学习室、红色宣传区等，从而共同营造浓厚的红色阅读空间。首先，要利用好高校图书馆的场馆空间资源打造个性化红色阅读空间，完善阅览区设施设备，积极打造"技术+设备"智能化实体红色阅读环境，展示融媒体红色文化作品，使大学生在图书馆能全方位获取红色资源，优化红色阅读体验。其次，高校的马克思主义学院、党委宣传部、组织部等拥有充分的红色智力资源，可以积极为校园内的红色阅读宣传场所建言献策。最后，可以建设学生宿舍的红色阅读空间，在宿舍区设置红色阅读室，将红色阅读空间有效延伸到大学生的日常生活中去。

（三）拓展网络平台，打造数字化红色阅读

高校要主动适应信息时代发展的要求和大学生阅读的新特点，顺势打造红色移动阅读新态势，实现红色阅读资源全天候服务，使大学生可以方便快捷而不受时空限制地获取所需内容。一方面，可以利用高校的移动图书馆、公众号、微博等新媒体平台，开辟党史书籍、红色故事等红色阅读专栏，开展红色专题资源推送服务。另一方面，要谨慎筛选与评价网络红色资源，推荐学生使用各种正规软件与数据库访问红色资源。多维度融合集政治性、思想性、互动性、广泛性为一体的红色电子资源，在全民数字素养提升的号召下，培养大学生正确高效获取红色资源的能力，有力防范网络历史虚无主义的冲击和"信息茧房"等负面影响，发挥红色阅读激浊扬清的教育功能。

（四）整合红色资源，开展红色阅读教育

高校丰富的红色资源为开展红色主题阅读推广活动提供了多种可能，可以开展多类型的红色阅读教育。一是红色资源展陈，打造包括红色书籍、红色档案资料、红色人物与会议图片展等精品展陈，坚持政治性、思想性和艺术性相统一，增强红色资源的表现力、传播力和影响力；二是红色作品赏析，整合红色影视、歌曲、文学等多种类型作品，组织大学生进行作品赏析、分享交流，深刻感悟党的初心使命、理想信念；三是党史经典共读，定期号召大学生共读一本红色书籍，策划阅读打卡、图书漂流等趣味活动，纠正红色阅读中浅阅读、碎片化等阅读现象，培育大学生深度阅读红色经典的习惯；四是开展红色阅读相关的知识竞赛，利用馆藏红色文献开展主题知识竞赛，加强大学生对红色知识的理解，吸引大学生参与到红色文化的学习中。高校应持续开阔思路、创新途径，运用融媒体等手段，使大学生在红色资源的情景再现中，产生触及灵魂深处的反思与感悟，实现思想的升华与蜕变，从而充分激活高校红色阅读传承红色基因、强化红色记忆、弘扬红色精神、加强思想教育等功能。

第三节 高校美育阅读文化

美育是熏陶式的教育方法，它通过培养人们认识美、体验美、感受美、欣赏美和创造美的能力，从而让人拥有美的情操、美的品德和美的素养。美育的重点在于用美的概念潜移默化地影响人们的内心世界和精神生活，提升人的思想境界，达到比德育更加深层次的教育目的，形成更强大的道德约束力和文明自觉。高校通过阅读文化开展美育实践，这是阅读的教育功能的延伸，融合了阅读和美育的育人优势。通过美育阅读文化，不仅可以丰富大学生的文化知识，培养大学生的想象力和创造力，还可以发展大学生的审美情趣，培养大学生的美感，使其形成高尚的道德情操与人格修养，为建设社会主义精神文明提供强大助力。因此，高校要重视美育阅读文化在立德树人方面发挥独特的作用，将美育阅读文化与博雅教育相融合，挖掘书籍中的教育资源，提高大学生的审美感知力，弘扬中华美德，促进大学生人格修养的全面提升。

一、阅读文化培育审美素养

审美是人们发现、欣赏、品鉴、领悟事物及艺术的美的过程。审美能力是一种超越感官的体验，对美的认知可以引进向善的理念，最终促进美与善的统一。法国著名哲学家、教育家卢梭认为，一个人如果拥有审美能力，就能促使其接受更多美的观念，从而也就会接受与之有联系的道德观念。从现实来说，我们也可以认为一个人如果具备了较好的审美能力，在追求美的过程中，其自身的道德品质也会相应提高。而高校培育学生的审美素养就是让他们具有发现美和鉴赏美的能力，在审美过程中实现自我精神的升华。

阅读不同题材的书籍可以使人在字里行间领略壮美山河、华服美食、琴棋书画等，在阅读中接受美学熏陶，发现其中的艺术审美价值，收获独特的审美体验。各个行业领域、艺术门类的璀璨精华和智慧结晶通过图书向人们传递着耀如繁星的人类科技文明成果。经典作品拥有美的内容和美的形式，阅读中可以体验语言之美、韵律之美、思想之美，犹如与创作者展开一场关于美的探讨交流。创作者将万千情愫、所思所见融入作品，以物咏志、以景抒情，将山川秀美的风神韵致汇入笔下，让人阅读经典作品后不由地对祖国的大好河山心生向往和热爱。那些不易见到的古代传世名画和书法名帖，那些博物馆中的精品文物，也可以通过各类艺术书籍呈现于读者眼前，让他们感受艺术带来的思想洗礼。

同时，当代出版界对图书装帧设计的关注也让图书成为艺术品。图书之美不仅体现于内容，而且也体现在适宜的装帧设计上，适宜的装帧设计能让读者在阅读时增加一份品味，体现了图书美学的内涵。"最美的书"书籍设计年度评选活动，由资深书籍设计师和出版人组成专家评委会，挖掘国内优秀的书籍设计作品，获奖作品将参加在德国莱比锡开展的世界最美的书评比活动。[①] 人们对图书装帧设计美的关注，让书籍也成为审美的对象，给读者带来了美的体验。

除了在文本阅读中培养审美素养，高校也将探索学校的美育活动与阅读文化活动融合，为大学生提供审美实践平台，切实提升高校学生的审美素养，例如高校图书馆组织开展书画艺术设计大赛等性质的活动，鼓励读者参与图书馆空间装饰设计和海报设计等活动，搭建阅读、图书馆与艺术审美之间的桥梁。由此将阅读文化与审美实践有机联系起来，增强阅读文化活动与读者之间的审美互动，让读者在审美实践过程中感受阅读与图书馆的艺术魅力，以收获精神的愉悦和美的享受，以强化个人审美体验和美的记忆，实现个人审美素养的提升。

高校读者要在阅读审美活动中寻找审美对象、咀嚼内容精华、追寻思想境界，感受图书的温度和阅读文化的美学熏陶，让阅读过程变成体验美的享受，品味心旷神怡、其乐无穷的滋味。高校读者要在阅读中实现审美素养的提升，从而发现文学之美、艺术之美、生活之美、民族之美、祖国之美、世界之美，

---

① 《2021年"最美的书"获奖作品展览暨〈2016—2018 中国·最美的书〉发布会今天在上海图书馆举行》，(2021-12-06)[2022-08-22]，https://www.beautyofbooks.cn/web/activitydetail?id=28。

在感受各种美的过程中主动弘扬优秀传统文化，抵制不良思想的侵蚀，在审美体验中逐渐提升自身修养和德育品质。

二、阅读文化传承家风美德

优秀家风世泽长，立德方能守初心。优秀家风是家庭美德的集中体现，是通过言传身教而世代传承的。优秀家风为社会精神文明建设提供了强劲助力。《礼记·大学》载："欲治其国者，先齐其家；欲齐其家者，先修其身。"[1] 中华民族历来都很重视家风建设、注重家风传承。大学生是未来社会发展的中坚力量，更要自觉学习古今优良家风，传承中华传统家风美德、赓续红色家风、弘扬时代新风。通过阅读文化的宣传效应，鼓励高校读者主动阅读家风故事、领会家风内涵、汲取思想养分，深切感受优良家风的魅力与影响，主动接受良好家风的洗礼，积极树立家庭美德观念。

在阅读中可以学习古圣先贤的家风，领略意蕴丰富的中华传统家风。中华民族五千年来家风文化绵延不息，在新时代的浪潮中更是展现了勃勃生机，当代也出版了历代家风家训集成的书籍。古代有很多家风文献都是德育的优秀素材，例如，较著名的家训名篇有《颜氏家训》《朱子家训》《曾国藩家书》等，还有历代优秀家规和家训，蕴含着美德智慧，较富有哲理，对当代开展道德建设仍有积极意义。大学生阅读中华传统家风文献，可以体会其中蕴含的美德，学习为人处世应有的慎独修德、清廉自律、兼济大众等优良品质。

颜之推的《颜氏家训》被誉为"古今家训之首"，全书共二十篇，内容涉猎广泛，主要围绕修身、治家、处世、勉学、慕贤等。这是一本富有哲理的家族教科书，也是我国古代家庭教育理论的宝贵遗产，在当时社会颇受认同并广泛流传。例如在书中论述了一些处事安身之道，还提到了一些教育原则与方法。《颜氏家训》中有很多脍炙人口的良言名句，例如教导族人要与品德高尚的君子相交，向贤者学习，如"是以与善人居，如入芝兰之室，久而自芳也；与恶人居，如入鲍鱼之肆，久而自臭也"[2]。还有勉励勤学的名句，如"幼而学者，如日出之光，老而学者，如秉烛夜行，犹贤乎瞑目而无见者也"[3]。优秀家风的熏陶也让颜氏后代人才荟萃，如颜师古、颜真卿、颜杲卿等。《诫子

---

[1] 樊东译注：《大学·中庸译注》，上海三联书店，2018年，第4页。
[2] 檀作文译注：《颜氏家训》，中华书局，2011年，第85页。
[3] 檀作文译注：《颜氏家训》，中华书局，2011年，第107页。

书》是三国时期政治家诸葛亮晚年写给他儿子诸葛瞻的一封书信，短短数语、字字珠玑、语义隽永，其中所述不失为深刻的人生格言，如"夫君子之行，静以修身，俭以养德。非淡泊无以明志，非宁静无以致远"[1]。苏东坡家族也有费用必俭、为官必廉、非义不取、救死扶贫等家训。成都新都的杨升庵家族一门七进士，族中宰相状元皆有，家族中也历代传承着家人重执业、家产重量出、家礼重敦伦、家法重教育的"四重"家训。

阅读红色文献，弘扬红色家风，充分感受其中蕴含的初心使命与精神力量。中国共产党人也留下了许多宝贵的红色家风，需要在红色文献阅读中体会其红色信念，学习革命先辈的崇高道德追求。李大钊先生勤政廉洁、慷慨助人的家训影响着他的后人坚守并践行先人的优良家风，让革命传统代代相传。[2] 毛泽东同志曾为亲情立下"三原则"的规矩：恋亲不为亲徇私，念旧不为旧谋利，济亲不为亲撑腰。[3] 夏明翰烈士以红珠赠予妻子郑家钧，并以诗明志："我赠红珠如赠心，但愿君心似我心。善抚幼女继吾志，严峻考验不变心。"[4] 焦裕禄同志当年教育女儿不能因为她是县委书记的女儿就认为自己高人一等，让她到艰苦的地方去锻炼。[5] 先辈以身为范感染着后人，红色家风蕴含着中国共产党前行道路上的赤诚初心和家国情怀。

家是最小国，国是千万家。当代青年是中华民族伟大复兴的希望，高校要通过阅读文化传播家风美德，教育大学生要始终秉持家国情怀的赤子之心，砥砺拼搏，让每个家庭前进的脚步叠加成国家的进步。鼓励大学生在阅读中学习家风美德，自觉养成修身养性、严于律己、清廉务实的品德，在未来积极建设家庭美德，成为家庭文明的践行者、示范者，以良好的家风营造风清气正的社会道德生态。

三、阅读文化弘扬传统美德

在阅读中人们不仅可以收获知识，还能在书籍中明德笃志，开卷知往，在历史中学习先贤典故，学习和领会传统美德的思想内涵。中华传统美德对个人

---

[1] 李若冰、周刚主编：《中华优秀传统文化读本》，云南大学出版社，2020年，第7页。
[2] 《中华英烈事迹读本》编写组编：《中华英烈事迹读本·第一卷》，新华出版社，2019年，第67～69页。
[3] 中国纪检监察杂志社编：《家风家训品读》，中国方正出版社，2017年，第263页。
[4] 《中华英烈事迹读本》编写组编：《中华英烈事迹读本·第一卷》，新华出版社，2019年，第145页。
[5] 中国纪检监察杂志社编：《家风家训品读》，中国方正出版社，2017年，第359页。

道德的品质修养、对当今社会各行业都具有启发作用，不管是人生处事之德、为政之德、商业道德，或是传统师德、医德等，在古代文献中都有丰富的史料素材。通过阅读文化以弘扬中华传统美德，用美德洗涤人心。以中华传统医德为例，中医古籍的阅读价值不仅在于中医文化的传播，还在于中华传统医学美德的熠熠生辉，使中华传统医德传承至今，仍闪烁着光芒、启迪着医者，在当代继续发展和升华。

当代世界公共卫生环境日益严峻，人们对健康的追求更加迫切，医学事业的发展与社会的发展联系更加紧密。同时，国家一直重视建设精神文明，加强各个行业的思想道德建设，医学领域的道德建设尤为重要。高等医学院校加强医学生的医德医风教育是全面提高医学生综合素质的重要途径，对培养德才兼备的新时代医学人才意义重大。因此，医学院校要从现实情况与实践需要出发，充分发挥阅读文化弘扬传统医学美德的作用，通过阅读文化促进医学生积极学习中华传统医德，培育具有高尚道德修养的新时代医学人才，这对弘扬中华传统美德有着积极意义，有利于彰显中华传统医德的优越性，从而能进一步培育和弘扬社会主义道德新风尚。

（一）古代医学典籍中的传统医学美德

中华民族在长期对抗疾病、自然灾害的过程中，创造了博大精深的中华医学，古代医学典籍蔚为大观，不仅书写了高超的医术，也留下了宝贵的医德资源，很多重要的中医典籍都蕴含着传统医德思想，在历史长河中积淀传承，影响深远。

东汉著名医家张仲景在中医界被誉为"医圣"，是中国传统医德发展中的代表人物之一，其著作《伤寒杂病论》被尊为"方书之祖"。张仲景的《伤寒论·序》中有关于医德的文献，其中所体现的医德思想对后世医德传承影响深远。在《伤寒论·序》中，张仲景开篇即表明了学医不能局限于为己，而应该有救济贫苦大众的仁爱思想，提出习医行医当博采各家之长、潜心钻研、广泛涉猎，不能为名利所累贪图一时之功，行医时要一丝不苟、认真负责，并持续精进医术。"感往昔之沦丧，伤横夭之莫救，乃勤求古训，博采众方，撰用《素问》、《九卷》、《八十一难》、《阴阳大论》、《胎胪药录》，并平脉辨证，为《伤寒杂病论》合十六卷，虽未能尽愈诸病，庶可以见病知源，若能寻余所集，思过半矣。"[①] 他在序言中充分表达了自己对古代名医精湛医术和高尚医德的

---

① 张仲景：《伤寒论》，中国医药科技出版社，2013年，第2页。

敬仰，也表达了对身处瘟疫和战乱疾苦的百姓的同情。他在文中强烈抨击了当时部分医师墨守成规、不思进取、追逐名利和见利忘本等医风不正的行为。这篇序言深刻地表达了张仲景对生命健康朴素本真的深刻理解和感悟，劝导世人尊重生命，规劝医者要以救助生命为中心，秉承仁爱之心，完善自己的医德修养。

唐代著名医学家孙思邈被尊为"药王"，是我国传统医德的代表性人物，他潜心研究医学著作多年，总结以往的医德思想使其系统化，并结合自己的临床经验，编撰了《备急千金要方》。《大医精诚》出自《备急千金要方》第一卷，孙思邈在文中对医德思想进行了系统的论述。这是一篇广为流传、影响深远的经典医德文献。《大医精诚》中记载："若有疾厄来求救者，不得问其贵贱贫富，长幼妍媸，怨亲善友，华夷愚智，普同一等，皆如至亲之想。亦不得瞻前顾后，自虑吉凶，护惜身命。见彼苦恼，若己有之，深心凄怆。勿避险戏、昼夜寒暑、饥渴疲劳，一心赴救，无作功夫形迹之心。如此可为苍生大医，反此则是含灵巨贼。"①《大医精诚》论述了有关医德的两个问题：第一是"精"，要求医者要有精湛的医术，认为医道是至精至微之事，习医之人必须博极医源、精勤不倦。第二是"诚"，要求医者要有高尚的道德修养，对待病人要有感同身受的心理。在孙思邈所传达的传统医德思想中，要成为"大医"，首先该具备大慈之心和救苦之愿，对待病人要"普同一等"，还要具备精湛的医术，才能成为"苍生大医"。"大医精诚"被奉为医德论述的经典著作，这也是中国古代医学上第一个系统阐述医德思想的文献，对后世医德的发展产生了重要影响。

除上述具有代表性的著作外，中国古代还有众多论述医德的文献，上溯先秦下至明清，历经几千年的传承与发扬，彰显了深刻而富有哲理的中华传统医德文化。《黄帝内经》是奠定中医学术体系的经典医学典籍，其中有专门的篇章列举医德过失行为以告诫行医者，书中表达了天覆地载、万物悉备、莫贵于人等思想，凸显了人命至重观念。②晋代隐士杨泉提出医学人才的三条标准，对当今的医德建设也颇有启示。一是行医者必须具有仁爱之心，二是行医者应具有智慧、明辨事理，三是行医者要廉洁善良。宋代之后儒医群体的兴起使医德与儒家文化融合得更深。《太平圣惠方》中阐述了为医者要心怀慈悲，救助众生之苦。宋代对医者提出了较高的道德水准要求。明清时期的医德观念更加

---

① 孙思邈：《备急千金要方》，中医古籍出版社，1999年，第2页。
② 张登本：《〈黄帝内经〉二十论》，中国中医药出版社，2017年，第291～292页。

深刻和成熟，涌现了大量经典医德文献著作。由此可见，古代医德文献从多维角度阐释了中华传统医德的内容，展示了中华传统医德文化的丰富内涵和历史积淀。

（二）阅读医德文献的德育价值

我们应借助古代医学典籍中论述医德的相关文献，挖掘传统医德文化与新的社会文化环境和医疗环境之间的契合点，实现传统医德文化的现代转化与阐释，发挥传统医德文化在新时代医学生德育中的启迪作用。从古代医学典籍中可以发现，中华传统医德已融入中医学术体系和医家的思想情感中，成为中华医学经久不衰的强大动力。因此，要提炼传统医德文化，继续弘扬中华传统医德的育人优势，在传统医德与现代精神的交融中焕发传统文化活力，助力社会主义医德医风建设。

1. 培育医学生"医乃仁术"的从业道德

古代医家认为医学不仅仅是一门技术，而且认为医学具有深厚的道德属性。"医乃仁术"是中华传统医德的核心思想，同样也是当代医学职业道德的崇高追求。当代医学生应传承中华医学美德，领会历代医家践行的"医乃仁术"的道德宗旨，培育其高尚的职业道德修养与崇高的信念。例如《医灯续焰》中有："医以活人为心。故曰，医乃仁术。"[1]《医门法律》中提道："医，仁术也。仁人君子必笃于情，则视人犹己，问其所苦，自无不到之处。"[2]《推求师意》中曾言："医乃仁术也，笔之于书，欲天下同归于仁也。"[3] 民间也有"今择术于诸艺中，惟医近仁，习之可以资生而养家，可以施惠而济众"[4] 的家训。"仁术"的道德追求反映了古代中医对生命的高度尊重与敬畏态度，由"医乃仁术"的从业道德可扩展至义利观念、医患理念、敬业追求等方面，从而构成丰富的传统医德思想体系。

2. 树立医学生"清正廉洁"的义利观念

传统医德在义利方面与中华传统文化高度吻合，二者都追求重义轻利的义利观和清正廉洁的理想人格，古代医家尊崇"义为上"的价值观，古代医学典

---

[1] 姚志彬主编：《春暖杏林：医德医风名言录》，广东教育出版社，2012年，第31页。
[2] 姚志彬主编：《春暖杏林：医德医风名言录》，广东教育出版社，2012年，第39页。
[3] 高尔鑫主编：《汪石山医学全书》，中国中医药出版社，1999年，第547页。
[4] 楼含松主编：《中国历代家训集成》，浙江古籍出版社，2017年，第1699页。

籍中记载了很多医家重义轻利、清廉正直的言行品德。张仲景在《伤寒论·序》中就对当时人们攀附权贵、追名逐利的社会风气展开了批判。他疑惑于时人不重医药知识学习、不研习医术，心思都用于追求荣华富贵、仰慕豪门权贵。[①] 重义轻利是古代医家的主流价值取向，他们认为不能为钱财而折损德行，不能为名利而放弃仁义。行医时如果利欲熏心，便会滋生"嫌贫爱富"的歧视思想，同业之间就会相互攻讦，开始作伪欺骗病人，为谋利益而罔顾人命。可见，传统医德"清正廉洁"的义利观念对抵御当代物欲横流的思想有积极的启示，传统医德对义利观念的深刻解剖和警示，在当代仍有深刻的教育意义。医学生要从传统医德文化中学习正确的义利观，懂得医生是以治病救人为本分，绝不能挟技邀财、唯利是图，牢记仁心仁术的医德，成为一名清正廉洁的医务工作者。

3. 强化医学生"普同一等"的医患理念

当今社会医患关系紧张直接影响着医疗事业的健康发展，医学美德的传承发展十分重要。树立"普同一等"的医患理念，弘扬传统医学美德，有利于医患关系和谐，形成良好的医疗卫生行业氛围，助推和谐社会发展。传统医德倡导医家对待病人应普同一等、一视同仁，如孙思邈在《大医精诚》中提到，有病人寻求医治时，不能因其贵贱贫富、年龄相貌、关系亲善、民族身份、聪明愚笨等条件而分别对待，都应该视病人如亲人，推己及人。[②] 在诊疗时也要根据病人的情况给予解释与安慰，保守病人的秘密。传统医德文化中对医患理念的深刻阐释与实践对当代医患关系的缓解与改善都有启发。通过强化医学生"普同一等"的医患理念，让医学生在未来职业生涯中，自觉树立对所有病人一视同仁的理念，用传统医学美德规范和提升自己的职业道德素养，积极构建和谐友善的医患关系。

4. 激励医学生"精益求精"的敬业追求

敬业精神是中华民族的传统美德，而随着社会分工的细化，对各行各业技术水平要求都在逐渐提高。弘扬"工匠精神"已然是当代社会行业的热点话题，也是职场竞争中的重要法宝。古代思想家朱熹认为"敬业者，专心致志以

---

① 张仲景：《伤寒论》，中国医药科技出版社，2013年，第3~4页。
② 孙思邈：《备急千金要方》，中医古籍出版社，1997年，第2页。

事其业也"[1]。在中国的传统医学文化中，历代医圣名家都强调医者要有博极医源、精勤不倦的追求，必须具备孜孜不倦、专心致志的敬业精神。传统医德文献体现了古代医家对行医者的期望，他们认为医者应专心致志投身于医学事业，要坚持精进医术，能谨慎践行医道，才可以一名合格的医者。古代医家的学医方法在于勤求古训、博采众方，勤学不倦的治学精神也让古代医家的学习范围从医学延伸到其他各个领域，让他们成了知识广博的医者。古代医家对草率、敷衍的作风进行了强烈批判，如明末医家萧京在《轩岐救正论》中就痛斥庸医"粗工庸手，不习经书脉理，不管病症重轻，轻易投剂，陷人垂死，反谤正道，怙恶不悛"[2]。医学生应该在传统医德中汲取敬业精神，树立"精益求精"的职业追求，使其努力成为医德高尚、医术精湛的新时代医学人才。

四、阅读文化陶冶人格修养

阅读是陶冶心志、修炼品性、健全人格的重要途径。善读者可以在日积月累的书海中徜徉，提升自身气质与境界修养。高校学子正处于青春激扬的年纪，正是体验人生意气风发之时，很多大学生都不曾接触太多世情悲欢，人生阅历还不够丰富。当他们突然遭遇挫折、困惑、失败、压力等负面情绪时，难免会不知所措、无法排遣，甚至会意志消沉、一蹶不振。当他们逐渐接触复杂的社会环境时，又可能会难抵诱惑或误入歧途。对于大学生在求学阶段出现的种种与品格修养、心理健康相关的问题，高校除了基本的思政、心理等教育辅导外，也要充分发挥阅读文化在陶冶大学生人格修养中的正向引导作用。让大学生能学会在阅读中寻求答案与宁静，在阅读过程中疗愈心灵，在书山文海中陶冶性情，用渊博的知识充实内心，在广博涉猎中打开思维格局，学习积极向上的人生态度。

当遭遇挫折失意时，读一读历史书籍，在宏大的叙事体系和历史观中，将自己融入风起云涌的时代，站在全局的高度审视人生，便不会再斤斤计较一时的得失。当漫无目标、无所事事时，读一读历代名人传记，在先贤的人生中寻求心灵指引，树立志向追求。当感觉生活浮躁、心烦意乱时，读一读经典文学作品，在诗情画意与人间百态中找到心灵的平静和淡然，让自己能心怀希望与

---

[1] 转引自吴江：《中国传统文化的思想政治教育价值研究》，北京理工大学出版社，2019年，第202页。

[2] 刘德荣主编：《福建医学史略》，福建科学技术出版社，2011年，第97页。

志趣继续前行。虽然卷帙浩繁的书籍终其一生我们也不能都阅尽，但阅读的书籍多了，人就会变得学识广博、见闻丰富，不再拘泥于一方天地自怨自艾。当大学生的思想的格局越来越大，就会形成更通透的价值观、人生观、世界观，从而使其心境更加辽阔。高校学子要在阅读中涵养德艺双馨的智慧，让自己能在世俗生活中也不泯灵趣与才情，面对人生坎坷仍不掩风骨贵气，在人情历练中学会慎独善悟的哲思，追寻阅读之光，健全人格修养，挥洒人生画卷。

在众多文学体裁中，古诗词可以说是一个特别的存在，在当代仍为很多读者所喜爱。古诗词是中华民族文化艺术宝库中一颗璀璨的明珠，散发着一种难以抗拒的魅力。古今政事、世间百态、自然风貌、悲欢离别都融入了诗词的饱满内核中，人的情感借由诗词得到了淋漓尽致的抒发。阅读诗词从寥寥数语中可以体会到不同人格修养带来的人生境界，其中的哲思与美韵也能成为读者受益终生的思想积淀。诗词是一个时代民众内心世界的呈现，每个作品的匠心都是创作者深情与悟性的表达，经典诗词独特的魅力抵御了时光流逝与岁月更迭，浓厚的诗情历史依旧熠熠生辉。那些经典诗词作品，历经时代的演绎和岁月的磨砺，散发着光彩，也影响着一代又一代的中华学子。因此，高校要把握诗词阅读的育人作用，以点带面发掘更多阅读育人资源。激励大学生在阅读诗词中陶冶他们脱俗、乐观、旷达和通透等优秀的人格修养，历练着美好的品德情操，筑就了他们成才道路上的思想基石。

（一）戒骄戒躁，修炼脱俗之心：心远地自偏

东晋诗人陶渊明数次出仕后结束了游宦生涯，决心归隐田园山水，被誉为"隐逸诗人之宗"，是田园诗派的创始人。他在《饮酒》中写道："问君何能尔？心远地自偏。采菊东篱下，悠然见南山。"[①] 此诗精辟地表达了淡然的人生态度和脱俗之心，那种对自然哲学的领悟值得我们深入体会。在物质文明高度发达的现代社会，被物欲支配的心灵变得日益浮躁，一心追逐名利，处事骄躁愤懑。戾气和骄躁会让人违背公序良俗，极不利于社会的和谐和稳定。阅读那些传递淡然脱俗思想的诗词，感受前人至真至醇的人生追求，学习洁身自好、淡泊宁静、励志守节的道德操守，学会享受平淡人生中的乐趣和价值，培养自己高洁的情操。从而正确看待世俗功名的进退得失，避免因浮躁和欲望而变得急功近利、不择手段，逐渐修炼学生不急不躁的人生意趣。

---

① 傅东华选注：《陶渊明诗》，王莞菁校订，崇文书局，2014年，第44页。

（二）心怀希望，笑对宽广人生：柳暗花明又一村

人生际遇不会总是一帆风顺，在学习和生活中难免会遇到挫折和坎坷，但也正是那些高低起伏的境遇才构成了丰盈的人生经历。南宋文学家陆游在《游山西村》中写道："山重水复疑无路，柳暗花明又一村。"[1] 这句诗可以激励读者要相信人生处处充满希望，绝境之处或许也是重生之机，可谓是人生际遇曲折往复的生动写照。当我们为了目标勇往直前却发现无路可走时，难免会有山穷水尽的悲凉失落心境。但此时就算身体被困住，也要保持"心灵的自由"，学会苦中作乐，在困境中保持乐观的心态，在绝境中寻找希望，将穷途末路的艰险化为逆境重生的勇气，有在人生的低谷中沉淀再攀高峰的动力，勾勒出超然的人生境界。所以，当大学生面对困境和坎坷时，不要一味悲观哀叹，也可以通过阅读那些催人奋进的经典诗词，汲取贤者的人生哲学精华，时刻心存希望、不轻言放弃，在面对困难时积极寻找突破方法和解决之道，相信人生的宽广和无限可能。

（三）不溺过往，培养旷达气度：也无风雨也无晴

北宋文学家苏轼在《定风波》中写道："回首向来萧瑟处，归去，也无风雨也无晴。"[2] 短短数语，便道尽了人生的过往和结果，也提醒着读者不要沉溺计较过去的成败得失，积极面对未来人生的道路。苏轼才华横溢、少年得志，年仅21岁时便进士及第。但他一生遭遇挫折、坎坷无数，宦海沉浮、屡遭贬谪。他虽经历坎坷，却始终以旷达的气度、超然的心境坦荡面对生命中的磨难。他在长年的困顿与挫折中，将那些人生失意与哲思书写下来以抒胸臆，也为后人留下了传世名篇，以及他那为人所钦佩的超然旷达的人生境界。苏轼的婉约词清丽独特，豪放词又清雄超旷，二者截然不同的词风皆是其思想的凝练，成为后世传诵的经典，文德流芳，引人深思。在阅读苏轼作品的过程中，我们可以感受诗酒趁年华的意气风发，修炼无畏过往风雨的旷达胸襟，树立可摘日月星辰的自信豪迈，学习博观约取、厚积薄发的求知之道。

（四）明理善悟，树立通达思想：都付笑谈中

"一壶浊酒喜相逢，古今多少事，都付笑谈中。"[3] 这是明代文学家杨慎

---

[1] 王新龙编著：《陆游文集 1》，中国戏剧出版社，2009年，第6页。
[2] 苏轼：《东坡集》，夏华等编译，万卷出版公司，2017年，第53页。
[3] 张璋，刘卓英选注：《明词三百首》，百花文艺出版社，2018年，第121页。

《临江仙·滚滚长江东逝水》的诗句，豪放深沉地道出了其感叹，千古兴亡成败都会随着历史长河流逝成为饮酒助兴的谈资。当代流传的毛评本《三国演义》开篇词也引用了这首《临江仙》，让这首词广为流传。这首词的作者杨慎，为东阁大学士杨廷和之子，在正德年间状元及第，是明代著名的才子。但他政途坎坷，因"大礼议"事件被外放三十余年。他将人生感慨融入笔下，其作品涵盖诗词、散文、杂剧等，他一生著述博富。词中尽显他探明世俗、洒脱通达的情怀，基调慷慨悲壮，读之荡气回肠，使读者回味无穷。所以，对于功名得失、是非成败，年轻人要拿得起放得下，生活中少一些耿耿于怀、斤斤计较，学会在历史观和世界观中审视人生，培养自身通达的思想。大学生在阅读这些具有大格局的诗词过程中，可以思考人生短暂与宇宙永恒之间的辩证关系，在明理与善悟中释去心头重负，以通达的思想应对人生磨炼，奋斗最美青春。

第四节　高校空间阅读文化

一、传统阅读空间的嬗变

随着时代的发展，传统阅读空间也经历着变革，人们对阅读空间的认识与设计理念也会随时代而改变。当代图书馆空间再造已然是一个热点话题，各类公共图书馆和高校图书馆都探索着重构阅读空间功能，积极开发和利用闲置的空间资源，尝试突破图书馆传统空间服务的边界。城市书房、概念书店等也在打造特色阅读空间，力求为读者提供更加舒适和便捷的阅读空间。阅读空间由传统单一阅读功能向着多元化、开放化和智慧化的方向发展。

建构以馆藏为中心的阅读空间。在古代，不管是中国的藏书楼还是国外的早期图书馆，都是以馆藏书籍为主要功能，而非阅读。在古代很多图书馆并不对外开放，藏书仅仅供私家或很小范围的人们阅读。即使是对外开放的阅读空间，对借阅书籍的要求也十分严格，如在中世纪时有些国外图书馆会采用以锁链固定书籍的阅览台，防止图书被盗。随着社会逐渐发展，图书馆逐渐由封闭向开放转变，"重藏轻用"的传统理念慢慢向"藏用结合"的方向发展，使读者阅读空间得到拓展，但以馆藏为中心的阅读空间极少考虑读者阅读服务的需求，仅提供由书到人的单向阅读服务。阅读空间也相对简单封闭，往往是书库与阅览区分隔独立。

建构藏阅一体的阅读空间。近来社会文化发展迅速，图书馆布局也向着更加开放性和现代化的方向演进。很多图书馆在新馆建设中打破了以往空间的小隔间布局，书库之间、阅览区域不再用过多的墙体分割开，而是采用大开间的开架借阅形式，让整个阅读空间更加宽敞和明亮。而随着现代图书馆服务理念的深入人心，读者阅读服务工作日渐受到重视，读者与书之间的双向互动成为图书馆服务的新方向。传统图书馆重视收藏和以书为本的思想观念逐渐向着以读者为中心的现代图书馆的方向转变，也逐渐认识到要发挥阅读空间的吸引力，让更多读者参与到阅读活动中来。

　　建构以读者为本的多元阅读空间。21世纪以来，阅读空间的创新与再造理念引领各类图书馆思考如何构建读者为本的多元阅读空间。很多图书馆开始增加非传统藏阅功能的空间，彻底改变以藏书为本的管理模式，更加注重读者需求和读者体验，提高阅读空间的亲和力和开放性。阅读空间更加重视促进知识流通、创新交流环境、培育多元素养、融合智慧手段、激发读者活力，阅读空间逐渐演变为集阅读、学习、生活、社交、休闲等活动的复合型场所。多元化阅读空间的构建，尤其是信息化技术和移动终端的融入，更让阅读空间的未来发展创新具有无限的可能性。

　　放眼当代，现代阅读空间作为人与书、人与人交流的共同体，创客空间、共享空间、智能空间、概念书房等空间形式层出不穷。而在高新科技的催化下，阅读空间的未来也会向着更加智慧化的方向发展，如人机交互、虚拟现实、沉浸式阅读等。阅读空间也会随着时代发展更具有包容性和吸引力，成为全民阅读的重要硬件条件，为社会阅读文化注入创新活力。

二、高校多元空间中的阅读文化

　　著名教育家陶行知曾提出一种观点：充满生机、和谐向上的环境氛围本身就具有教育功能。由此可见，在校园空间中融入阅读元素可以形成一种空间阅读文化，成为高校阅读环境的重要支撑，发挥环境对读者的育人作用，营造一种阅读文化空间氛围。高校要利用好图书馆、教学楼等主要阅读空间，以适应新的时代要求，开展"空间布局—阅读标识—内部环境"三重形式的空间阅读文化建设。

（一）多元阅读空间布局

1. 公共阅读空间

公共阅读空间是高校读者进行阅读的基础场所，也是阅读空间的核心构成。与高等学校办学相关的规定中也有关于阅览座位数量等方面的指标要求。高校公共阅读空间的大小、建设水平也体现了高校办学水平和对阅读文化建设的重视程度。高校要充分利用图书馆、教学楼等与读者学习生活关联度较大的空间，提供足够的阅览座位，为读者提供固定的公共阅读空间，如图书馆的阅览区桌椅、书架等阅读设备的外观颜色、摆放布局等都是空间阅读文化的直接体现。高校要持续优化公共阅读空间建设，让读者能利用阅读空间更便利地开展基础借阅、自习等。

2. 研学阅读空间

现代高校阅读空间更加多元化，除公共阅读空间外，很多高校都设计了独立性的研学阅读空间。研学阅读空间打破了一人一座自行阅读的传统，为读者提供除基本阅读服务外更多的选择，提供更多自由的活动空间。例如，现代化的研修室、有声交流区等，融合现代科技，配置便携式投影、电脑等现代设备，为师生提供了舒适便捷、独立私密的学术交流研学空间。一些高校研修室还会搭配富有特色的装修风格和个性化桌椅，为读者提供畅意交流和轻松愉悦的交流研讨空间。

3. 主题阅读空间

当代阅读空间除用作基本的阅读和研学场所外，也可以开辟各类主题阅读空间，把中华传统文化、红色文化、艺术展览等拓展成为阅读对象，丰富空间阅读文化。例如，可以利用中华优秀传统文化打造阅读空间"场所精神"氛围，结合独特的高校校园文化，在专门的区域内展示馆藏古籍、非物质文化遗产作品和传统书画等，带领师生穿越时光长廊感悟传统文化的独特魅力，展现中华传统文化的博大精深；开辟红色经典阅览区，根据不同红色文化主题定期更新或推荐书籍，举办红色图文展览，让图书馆馆内洋溢着红色阅读氛围，鼓励师生主动融入红色阅读，根植红色信念。通过各类主题阅读空间激发高校读者对馆藏图书的阅读兴趣，丰富高校读者的精神生活，涵养高校读者的文化底蕴。

4. 开放式创新阅读空间

现代阅读活动需要重视读者的参与度，倡导空间的开放、共享精神。高校也需要整合阅读空间资源为读者提供更好的阅读体验与交流空间。借鉴国内外图书馆共享开放阅读空间的有益启示，利用高校既定的建筑空间，合理规划阅读空间的使用效率，融合智慧化手段，将馆藏空间、阅读空间及各种服务区域进行合理分配，打造集阅读、研讨、创新、交流、休闲、展示为一体的新型阅读空间。例如，在阅读空间中开辟创客空间、艺术空间、涂鸦空间、会议空间和多媒体活动室等，鼓励高校读者能积极借助阅读空间发散思维、表达创意、读书交流、放松身心等，多维拓展阅读空间功能，使其成为读者的创新空间与终身学习的场所。高校还可以创新阅读空间的文化功能，探索建设阅读文化博物馆空间，积极挖掘、保护、收藏高校历史发展过程中有关阅读文化建设文化物证和史料，传承与发扬本校的阅读文化历史，丰富校园文化的实物素材，如精心开辟阅读文化的博物空间，收藏和展示与图书馆发展历史相关的资料，还有打字机、老式图书馆卡片目录柜等历史物件，让读者能在图书馆馆内感受到校史文化与阅读文化交相辉映的时光故事。

（二）阅读元素标识设计

一是常规阅读文化标识。它包括阅读文化标语与阅览标识，将需要传递的阅读精神和愿景以实体化的形式融入阅览环境。在阅读空间中悬挂各类阅读相关的名言警句、励志劝学书画作品和阅读主题工艺品等，用实物展示阅读文化精神的外化与升华。阅览桌和书架等公共区域设计摆放阅览规则等温馨提示、文明阅览标语和书目推荐海报等。

二是高校特色阅读文化标识。由于高校的专业特色与发展沿革不同，每个高校都会形成其独特的阅读文化发展方向，而这些都可以设计为阅读元素，融入阅读文化的标识中。例如，医学院校可以在阅读空间中设计"医学生誓言"与"希波克拉底誓言"等相关元素。师范类院校可以将古今师德名言、名师名家等以文化标识的形式融入阅读空间。高校特色阅读文化标识有助于形成浓厚的励志劝学的环境氛围，让读者能在潜移默化中加深对高校特色阅读文化的了解，更能深刻领会阅读文化所传递的正能量。

（三）内部环境优化提升

优质的阅读内部环境应成为吸引读者体验阅读空间的重要因素，要以读者需求为导向体现人文关怀精神，从过去的"书本位"变为"以人为本"，满足读者的视觉审美需要和身心舒适需求。高校在阅读空间的打造中需要充分考虑读者需求，突破传统环境布局思维，向精细化、专业化的环境提升转变。在实际工作中关注大的阅读空间布局，同时也重视打造局部环境，让读者在阅读之余能体会到整体阅读空间的人文关怀。而且随着智慧服务模式逐渐推广，高校也要重视对阅读空间进行智慧型优化，将科技元素与传统阅读空间进行结合，融入更多现代书房的设计理念，用先进的信息技术服务读者，促进其阅读体验的提升。通过阅读内部环境的优化提升，让读者感受更具人性化、智慧化、开放化和共享化的阅读体验。

例如，可以设置一些具有特色和趣味性的阅读座位，提高阅读空间的设计感与休闲性，为读者提供一个相对独立而舒适的阅读减压空间。调整阅读照明效果，如通过在书架上安装灯带，增强局部照明效果，在阅读桌上安置台灯或是在阅读隔间内安置落地灯，让读者感受到如置身家庭书房的舒适。利用颜色的心理效应巧妙布置阅读环境的背景色，例如以白色、蓝色等偏淡冷色系为主调，可以帮助读者镇静、放松。设置水吧、沙发区等休闲区域，提供茶叶、咖啡、饮料等使读者享受更加齐全的阅读服务。探索阅读空间气味设计，调研读者对香氛的感受与需求，在部分阅览区域尝试运用香氛营造独特的阅览嗅觉环境。运用协调的绿植花卉提升空间的自然感，与阅读空间外部自然环境交相呼应，形成阅读与自然交融的文化意境。根据高校图书馆经费和场地等具体情况，逐步开展智慧阅读空间建设，包括智能书架、自助借还书机、电子阅读屏和导航机器人等智慧图书馆设备。阅读的内部环境会直接影响读者在空间中的阅读体验，只有与时俱进地进行创新和完善，才能将阅读空间的环境优势和人文关怀进行有效发挥。

第五章　高校阅读文化实践

第一节　国内高校阅读文化实践

随着全民阅读理念的深入人心，国内各高校都在积极开展阅读文化实践，以丰富多彩的阅读推广手段，打造各具特色的阅读文化活动品牌，为读者献上精彩纷呈的阅读文化盛事，充分展示高校读者的风采活力，这是全景式校园文化建设的集中展现，使高校流溢出智慧和人文的光彩。通过各类阅读文化活动，激励读者在阅读中树立崇高理想、涵养浩然之气，在书香浸润中树立博学笃志的治学信念，培育怀瑾握瑜的修养追求。国内各高校能持续推进学校的全民阅读工作，盘活校园阅读资源，让阅读活动"常"开展，使阅读文化"广"覆盖，使阅读精神"深"扎根，让阅读习惯"传"下去，使阅读氛围"浓"起来。以阅读文化助力学子成长成才，以一颗教育初心探寻文化育人的路径；携一缕墨韵书香，品阅读文化的魅力芬芳。通过坚守阅读育人使命、创新阅读推广手段，在多元文化激荡的社会中严守校园文化阵地，推动立德树人的创新举措，提升阅读文化建设的综合实效。各高校的实践经验也为高校的阅读文化发展提供了众多可供借鉴的优秀案例。

一、"双一流"高校阅读推广典型案例

（一）北京大学阅读推广活动

北京大学图书馆一直以来重视阅读推广的创新与实效，成立了跨部门的阅读推广工作团队，在每年"世界读书日"前后都会策划一系列有创意的主题活动，开展了形式多样、内容丰富的系列阅读活动，持续时间为两个月左右。在日常生活中北京大学图书馆也会开展各种常规性的阅读展览、读书讲座等。经

过多年实践,阅读文化活动已然成为北京大学校园文化的一个特色品牌,拥有较高的知名度和人气。[①] 北京大学图书馆历年阅读文化活动都有不同的主题,如"读书读出好心情""人间四月读书天""书读花间人博雅"等,并融合开展图书展览、主题讲座、图书漂流、学科咨询日、推荐书目、阅读摄影展等活动,持续传递多读书、读好书的阅读理念。北京大学图书馆积极创新阅读推广手段,探索以时尚、趣味、贴近大学生实际的方式开展新颖的阅读文化活动,如近年来开展的"密室逃生"时尚阅读、"阅读马拉松"活动等。

"密室逃生"时尚阅读活动是北京大学图书馆借鉴密室逃脱等媒介开展的相关阅读活动,从当代年轻人的时尚游戏元素中捕捉阅读推广创新灵感,策划有别于以往的寻宝活动、搜索大赛等图书馆实体空间活动。北京大学学生会为图书馆"密室逃生"活动完成了长达几万字的剧本创作,图书馆也精心策划了活动流程、布置道具和划分空间,以高水平的活动流程设计、剧情创作和活动管理保障效果。"密室逃生"活动共分为三个大关:前两关为开放式谜题,可由多组学生共同挑战并不限活动时间,只有通过前两关的同学才能进入最终的迷失挑战第三关。活动第一关以"神秘委托"为主题,分别利用图书馆的空间装饰与实体图片中的元素图案构成题目;第二关以"电影之码"为主题,将图书馆的多媒体资源与电子资源融入关卡的谜题设计中;最终闯过前两关进入第三关的同学则会进入解密场景,进入由图书馆部分实体空间改造而成的密室。"密室逃生"时尚阅读活动让图书馆的形象更具有活力与亲和力,让参与活动的师生更加紧密,拉近了图书馆与读者之间直接的联系。

北京大学图书馆整合资源并联合校外机构,举办了以"悦读悦青春"为主题的"阅读马拉松"活动,邀请学校不同学科领域的名师领读经典著作,在校内掀起了深阅读的热潮。活动通过线上线下相融合的方式开展,以线上为入口,拆解阅读学习任务,量化阅读学习内容。以线下为支撑,通过名师答疑解惑、线下沙龙等方式,深化学习效果。北京大学图书馆持续整合线上线下流程,引导读者开展"持久性"和"接力式"的阅读,以激发读者独立开展阅读的热情。

(二)南京大学阅读文化活动品牌

南京大学图书馆自 2006 年起,每年都会举办一届读书节,多年来结合管

[①] 刘雅琼、张海舰、刘彦丽:《创意为先,实效为王——北京大学图书馆阅读推广活动的案例研究》,《大学图书馆学报》,2015 年第 3 期,第 77~81 页。

理、图书馆员、用户、营销、创新五个要素，重视品牌定位、品牌标志设计、品牌活动内容和品牌推广传播等，将读书节逐渐打造成校园阅读文化活动品牌，成为校园文化的重要组成部分之一。南京大学图书馆举办的读书节活动主题鲜明、内容丰富、创新性强，为师生提供了一个知识、素养、文化生活交流互动的平台。阅读文化活动受众面广、赞誉度高，丰富了师生的校园文化生活。南京大学图书馆充分利用自身优势条件和外界资源开展读书节活动，多年来不断丰富和创新活动内容，引领全校师生积极走进图书馆，在校园中营造了良好的读书氛围，形成良好校园阅读文化氛围。

南京大学图书馆每年都会策划不同读书节主题，如"扬帆书海，不负青春""以书为帆，乘风破浪""悦读人生，追梦中国""励学敦行，书香致远""文脉书香，学海远航"等。南京大学的图书馆网站设有读书节专栏，详细记录并宣传历届读书节的开展情况。在读书节期间，《南京大学报》会刊登与读书节相关的信息，向校内读者广泛宣传阅读节的相关活动。南京大学图书馆自办馆刊《南京大学图书馆通讯》每年也会出版一期读书节专刊。每届读书节除了保留以往广受欢迎的活动如名家讲座、找书大赛、知识讲座、检索大赛、各类书展等，还会不断创新阅读文化活动，如爱心图书修补活动、"图书馆奇妙夜"嘉年华活动、"上书房行走展览"、"毕昇之约——古代活字印刷体验"、"经典永流传——《十竹斋笺谱》走入南京大学"等。[1]

（三）武汉大学的阅读推广体系

武汉大学图书馆历来都十分重视阅读推广工作，积极探索新的推广模式，建立了有效的推广策略。经过多年的努力，武汉大学图书馆逐步形成了富有特色的阅读推广体系，在校园内开展丰富多彩、成效显著的阅读活动。武汉大学图书馆利用新生入学季和"世界读书日"两个时间节点，集中举办一系列阅读文化活动，目前形成了两大主题文化活动：一是"书香珞珈成才武大"文化活动月，在每年10月至11月举办，通过新生与家长同游图书馆、新生主题推荐书目、"拯救小布"通关游戏等系列活动，使广大新生尽快熟悉和使用图书馆；二是"馨香悦读激扬梦想"读书节，在每年4月和5月举办，读书节每届拟定一个主题，如阅读与经典同行、书香荆楚"汉派"作家、"珞珈诗心"古典诗词、戏剧与朗读艺术等，围绕此主题开展讲座、沙龙、征文、展览等文化活

---

[1] 朱伟伟：《高校阅读文化活动品牌建设研究——以南京大学图书馆读书节活动为例》，《高校图书馆工作》，2016年第36卷第1期，第25~29页。

动，引导读者爱书，丰富其校园文化生活。除要每年集中举办的主题文化活动之外，武汉大学图书馆在其他时间段也会定期或不定期举办其他阅读活动，让读者在全年都能感受到阅读文化的熏陶。武汉大学图书馆经过多年阅读推广探索，目前已形成了文化讲座品牌"文华讲坛"、公益阅读文化刊物《文华书潮》和融读书、电影、音乐为一体的珞珈阅读广场等特色品牌活动。[①]

剖析武汉大学图书馆阅读推广的成功经验，可以发现其在岗位设置、活动设计、推广媒介、阅读分析等方面开展了有益的探索，有很多值得借鉴的经验。武汉大学图书馆设立了咨询与宣传推广部，依托部门专职人员有效开展一系列阅读推广活动。同时通过对不同类型的在校读者进行细分，开展分众式阅读推广设计，根据不同受众群体开展阅读推广服务，如《拯救小布》新生在线通关游戏、毕业生阅读记录、最美毕业照、毕业图书捐赠、毕业展览、图书馆之夜等活动。武汉大学图书馆积极融合了多元媒介，重视传播手段的运用与创新，将图书馆网站、微博、微信、QQ、电子显示屏与纸质海报等各种媒体传播渠道进行了有效融合。坚持发布科学的阅读分析成果，将读者阅读数据进行整理分析，用事实与数据呈现读者阅读的相关情况，进一步分析读者需求，赢得读者的信任与支持。武汉大学图书馆每年会陆续整理和发布《图书馆月度利用数据分析报告》《武汉大学图书馆年度阅读报告》《武汉大学本科生阅读报告》《新生图书馆利用报告》等。

（四）复旦大学的阅读活动

复旦大学图书馆以素质教育为高校阅读推广服务的切入点，开展阅读活动设计架构和实践探索，循序渐进推出了三个主要活动板块，从不同组织形式、活动内容推进阅读文化传播在"三全育人"的格局下承担阅读育人职责。[②]

第一个板块是基于图书馆现有的服务进行拓展，包括图书推荐、信息素养教育、学科指导性阅读等。通过各类活动促进图书馆资源与服务的推广，让广大读者能对图书馆阅读推广形成基础性认识。

第二个板块是由图书馆组织策划的阅读类活动，这些活动直接与学校素质教育模式相连接，设计了多个特色阅读系列。例如，"旦旦研读"精读图书活动通过长期的主题图书推荐和读书活动，培养读者阅读兴趣、提高读者阅读质

---

① 周燕妮：《成才在珞珈 书香伴芳华——武汉大学图书馆阅读推广实践》，《高校图书馆工作》，2019年第39卷第5期，第58~61页。

② 成俊颖：《素质教育视角下的高校阅读推广实践探索——以复旦大学图书馆为例》，《图书馆杂志》，2020年第39卷第9期，第78~85页。

量;"旦旦成长"引导大学生研读心理类相关书籍,并配备了心理学方面的导师,帮助大学生疏导压力、培养其良好的品质,促进大学生心理健康;"旦旦思政"精选了符合以"立德树人"为宗旨的相关图书,通过与学生共同策划阅读等形式,引导并辅助读者树立正确的世界观、人生观、价值观。

第三个板块是设立学生读书社团——复旦大学图书馆读者之友协会,通过图书馆与读者直接的联系,加强阅读推广在读者中的影响力。组织大学生举行书友会、电影赏析、睡前阅读等活动,以自由而丰富的阅读推广形式带动更多同学加入读书社团。

(五)中山大学的经典阅读推广

经典阅读既能对读者产生人文精神感染,又能帮助读者形成正确的价值取向。高校有效开展经典阅读也是培育大学生人文素养的重要途径之一。中山大学图书馆结合了实际馆藏资源,围绕"品读经典·用阅读滋养人生"的主题,借助多渠道全方位循序渐进地推出了一系列经典阅读推广相关活动,将经典阅读逐渐推广到广大读者中去。[①]

一是通过让读者直接感知,认识经典阅读的魅力。中山大学图书馆将经典电影展播和开展影评互动作为经典阅读推广活动中的先行兵。自2009年开始,中山大学东校区图书馆分馆每周五晚均播放一两部由经典作品改编而成的电影,吸引诸多文学及电影爱好者到馆观看,并开展影视作品导读沙龙等。

二是通过交融课程树立经典阅读意识。在"通识教育"理念的指导下,中山大学自2009年开始推行新设计的《通识教育共同核心课程方案》,并开设博雅学院及通识教育部和博雅教育班。在通识教育中引导学生阅读古今中外的经典名著,同时开设与著名古今学者有关的课程,为学生建构了完整的知识体系。

三是注重用户引入,让读者主动参与到经典阅读的活动中。中山大学图书馆开展了多类型的导读服务,定期推出了中文图书导读和英文特藏图书导读,每期根据不同的主题向读者推荐多本经典书籍。同时借助微博、微信等新媒体,再联合学校研究生会等学生社团开展合作,向读者推荐各学科的经典读物,并为读者搭建交流阅读心得的平台。

中山大学图书馆积极探索将读者的被动阅读变为主动阅读的方法,以多种

---

① 李久艳、梁益铭:《高校图书馆经典阅读推广研究——以中山大学图书馆阅读推广模式为例》,《图书馆研究》,2016年第46卷第3期,第76~80页。

方法激发读者对经典阅读的兴趣，采用多种活泼生动的方式吸引读者。南京大学图书馆也在积极探索构建完整的经典阅读服务体系，以多元化的宣传方式、稳定的资源保障、全方位的读者指引、舒适的阅览空间等助力经典阅读推广的长足发展。

（六）四川大学的特色阅读文化活动

四川大学图书馆多年来开拓创新阅读服务，不断推陈出新，以丰富多彩的阅读文化活动，弘扬中华优秀传统文化，助力书香校园文化建设和学校人才培养的高质量发展。自 2006 年以来，四川大学每年开展"四川大学阅读文化节"等活动，面向全校师生打造了全方位育人的阅读文化阵地，积极承担推广全民阅读文化的社会责任和历史使命，受到广大读者欢迎，在校内外产生了较大的影响力。每届四川大学阅读文化节会开展数十项阅读文化活动，如中华经典美文诵读大赛、真人图书馆活动、经典名师导读、知识产权挑战赛、摄影作品征集活动和知识竞赛等。四川大学也积极创新阅读推广方式，开展了很多具有代表性的特色阅读文化活动。[①]

"光影阅动·微拍电子书"活动是四川大学图书馆基于分众营销策略和"图书馆营销"的概念，开展"光影阅动·微拍电子书"等活动，请读者自行拍摄 60 秒视频推荐他们心目中优秀的电子书，分享其阅读方式和体验，得到了读者的热烈反响，最后用"微电影"的形式形成样片，如《你值得拥有》等短片，用生动的电子化方式为读者推荐好书。

"跟我学做线装书"活动。四川大学图书馆在读者服务周期间推出的一项名为"跟我学做线装书"的活动，活动以《四川省城尊经书院记》作为蓝本，由古籍修复人员手把手教读者制作线装书，让参与活动的读者沉浸式体验古籍修复的过程，感受中国优秀传统文化。

四川大学图书馆拥有数十万册线装古籍及相当丰富的影印古籍、仿真再造古籍、古籍特藏文献数据库、缩微胶卷等资源。为有效宣传和揭示馆藏古籍、传播古籍文化，四川大学图书馆在相关内容上深耕细作，构建平台以揭示四川大学图书馆馆藏古籍文献为主，内容丰富，文字活泼有趣。四川大学图书馆的古籍在业内很有影响力，该平台也在古籍推广活动中也收到了良好的效果。

---

① 吴诺曼：《4I 模型对高校图书馆阅读推广的启示——以四川大学图书馆阅读推广系列活动为例》，《图书情报工作》，2016 年第 60 卷第 14 期，第 115~120 页。

二、全国高校图书馆阅读推广案例征集与评选活动

近年来，在全国各地系统地开展了阅读推广活动，高校图书馆阅读推广工作开展得如火如荼，相关部门和学会积极开展了高校图书馆阅读推广案例征集与评选活动，其中不乏覆盖广泛、规模较大的活动，例如由教育部高等学校图书馆情报工作指导委员会主办的"全国高校图书馆阅读推广案例大赛"[①]，以及由中国图书馆学会阅读推广委员会主办的"高校图书馆阅读推广案例征集展示活动"[②]。全国范围内征集和评选优秀的高校阅读推广案例，能充分反映各大学图书馆阅读服务特点，很多获奖案例都有一定的创新性、前瞻性和指导意义且具有较好的实用价值和应用效果，值得各高校图书馆借鉴和推广。

"全国高校图书馆阅读推广案例大赛"由教育部高等学校图书馆情报工作指导委员会主办，分别于2015年和2017年举办了两届大赛，获奖案例总计近七十个。此处列举部分获奖案例（如表5-1）供参阅。

表5-1 2015年、2017年全国高校图书馆阅读推广案例大赛部分获奖案例

序号	年度	案例名称	参赛单位
1	2015	读有故事的人，阅会行走的书——"学在清华·真人图书馆"交流分享	清华大学图书馆
2	2015	鲜悦（Living Library）：以人为书，分享智慧	上海交通大学图书馆
3	2015	"书读花间人博雅"——北京大学图书馆2013年好书榜精选书目/阅读摄影展	北京大学图书馆
4	2015	《拯救小布之消失的经典》——2015武汉大学读书节经典名著在线游戏	武汉大学图书馆
5	2015	"奉天烽火 盛京记忆"纪念抗日战争胜利70周年主题阅读	沈阳师范大学图书馆
6	2015	"读者权益日"——"迭代"培养阅读需求	湖南大学图书馆
7	2015	光影悦动——微拍电子书	四川大学图书馆
8	2015	"一站到底——名著阅读"知识竞赛	江西师范大学图书馆

---

① 刘哲、郭宁：《"首届全国高校图书馆阅读推广案例大赛"案例分析及启示》，《图书馆理论与实践》，2016年第5期，第22~27页。
② 《中国图书馆学会阅读推广委员会关于举办2021年高校图书馆阅读推广案例征集展示活动的通知》，（2021-06-29）[2022-08-22]，https://www.lsc.org.cn/cns/contents/1347/15248.html。

续表5-1

序号	年度	案例名称	参赛单位
9	2015	阅读无止境，借书无限量	中山大学图书馆
10	2015	汉藏文优秀传统文化翻译图书推广	青海民族大学图书馆
11	2017	遇见文字与声音之美——北大师生"共读一本书"活动	北京大学图书馆
12	2017	在这里，我们"横扫清华图书馆"——寻访、阅读老馆珍贵图书系列活动	清华大学图书馆
13	2017	思源悦读——扬帆远航的梦想之舟	上海交通大学图书馆
14	2017	守望经典·深耕心灵——乡邦经典深阅读之"经典里的盛京"	辽宁大学图书馆
15	2017	邮芳书香 共享悦读——邮票首发式与专题阅读	天津财经大学图书馆
16	2017	心静方能入深——基于"主题空间+创意活动"的大学生深阅读行为引导和培养	西南交通大学图书馆
17	2017	让沉睡百年古籍"活"起来、"动"起来——三明学院图书馆馆藏百年古籍展演	三明学院图书馆
18	2017	视觉冲击与文字精华的较量	中国医科大学图书馆
19	2017	高校O2O社群阅读运营探索："小白大挑战——21天读书签到排位赛"比赛	西北工业大学图书馆
20	2017	"故乡书情·诵响乌蒙"——基于地方文献的阅读推广实践	六盘水师范学院图书馆

资料来源：笔者根据资料整理而成。刘哲、郭宁：《"首届全国高校图书馆阅读推广案例大赛"案例分析及启示》，《图书馆理论与实践》，2016年第5期，第22～27页。李沛：《"第二届全国高校图书馆阅读推广案例大赛"获奖案例解析与启示》，《高校图书馆工作》，2020年第2期，第54～60页。

"高校图书馆阅读推广案例征集展示活动"由中国图书馆学会阅读推广委员会主办，根据情况定期举办。参展案例有四个基本要求：一是真实性，即案例应来自各图书馆阅读推广中的真实实践，禁止虚构和杜撰；二是创新性，案例应围绕阅读推广的重点、难点或热点进行推陈出新，富有特色或亮点；三是影响力，案例应在高校阅读推广实践中取得良好效果，具有一定的知名度；五是典型性，案例应有一定的代表性，对其他高校图书馆具有借鉴意义和应用价值。例如，2021年评选入展的31个作品，包括《阅读，从书影中再出发——湖北经济学院图书馆"书影"立体式深阅读推广》《知海珞珈 博雅通达——

武汉大学"通·读"系列阅读推广活动》《楚脉千秋 世济其美——华中师范大学楚文化系列阅读推广活动策划与实施》等。[1]通过案例征集评选进一步促进高校图书馆阅读推广案例的分享与传播。

三、成都医学院阅读文化实践与经验

成都医学院积极响应国家"全民阅读"和"建设学习型社会"等号召，注重发挥阅读文化在高校师生思想教育中的主阵地作用，助力学校人才培养的中心任务，弘扬社会主义优秀文化，培养和激发大学生的社会责任感、使命感，以阅读育人、文化育人、智慧育人为实践育人中心，努力为实现中国梦、成医梦的奋斗目标提供精神动力和文化支持。历经数十年传承，成都医学院阅读文化建设已形成了鲜明的文化育人功能，在阅读文化活动、阅读文化载体、阅读文化课程等方面取得了丰硕成果，既形成了推广全民阅读的有效载体，也形成了令全校师生高度认可的阅读文化中心。

自2007年起，成都医学院图书馆连续16年主办了校园"阅读文化节"主题活动，这一活动深受成都医学院领导及全校师生的重视，现已成为校园文化的重要组成部分之一。例如，举办了以"阅随我行 读创青春""阅读，从图书馆开始""好阅经典书 喜读新时代""读经典 赞盛世""阅战疫情，笃行医道""读百年伟业史，书青春中国梦""逐梦新征程，阅读向未来"为主题的多届阅读文化节。每届阅读文化节都紧贴主题开展系列活动，由图书馆主办，机关主要职能部门、大学生社团积极支持，全校师生共同参与，校内外新闻媒体跟踪宣传报道。阅读文化节主要由开幕式、阅读主题活动、闭幕式三大板块构成。除阅读文化节之外，图书馆在每年新生季、毕业季等时间段也会不定期开展各类阅读文化活动，融合阅读元素创新校园文化载体，开设阅读文化相关课程等。

成都医学院图书馆通过多维度的阅读文化实践，较好地形成了上下联动、内外协调、全面渗透的阅读文化传播格局，形成了阅读文化实践育人的品牌，取得了一系列育人成果，对促进全民阅读和建设书香校园具有重要借鉴意义。

---

[1]《我馆入围2021年高校图书馆阅读推广案例征集展示活动优秀作品》，(2022－03－03)[2022－08－22]，http://tsg.hbue.edu.cn/d8/d2/c5981a252114/page.htm。

（一）"逐梦新征程　阅读向未来"第十六届阅读文化节

1. 活动概况

2022年，为鼓舞师生开启新篇章、奋进新征程，以书香汇聚勇毅前行的温暖和力量，成都医学院图书馆主办了"逐梦新征程　阅读向未来"第十六届阅读文化节，以阅读推广活动为载体，深入推进书香校园建设，团结引领教师和学生坚定文化自信。

成都医学院图书馆精心策划了虚实结合的阅读文化节启动仪式，在喜降谷雨、万物生发的时节，校园融媒体发布原创"逐梦新征程　阅读向未来"阅读文化节先导片，伴随成都医学院学子的朗朗书声，聆听着殷勤寄语。在成都医学院图书馆实体空间中，图书馆馆员精心布置了启动仪式，诠释了对成都医学院学子的深深关怀与热爱。心愿墙上一张张手写便利贴彰显着成都医学院学子对图书馆的依恋与感激。

图书馆组织策划"读""赛""享""展"四个板块，共开展15项主题活动，通过将线上线下相融合的方式开展，包括"读"系列："悦读新时代——四川高校阅读文化节"活动、"书香伴成长"阅读打卡、"书香伴成长"阅读答题、"春风十里不如荐阅有你"教职工荐阅活动共四项。"赛"系列："语暖成医"口语大赛、信息素养大赛、医学经典溯源活动共三项。"享"系列：Yue读者活动、"书与花香"活动、"图书漂流"活动、"书香伴成长"阅读交流、年度优秀读者评奖活动共五项。"展"系列："阅读经典，妙笔丹青"、"百年青春心向党"主题系列画展、学生绘画作品展共三项。"阅读文化节"积极借助校内外媒体多角度和全方位的宣传，吸引着数千名教师和学生参与，在全校营造书香氛围，加强阅读引领、涵育阅读风尚，推动阅读活动扩大覆盖、提升品质、增强实效，以书香校园建设助推文化强国建设。

2. 阅读文化节主要活动

图书馆在阅读文化节活动中坚守"传承文明、服务社会"的初心，把握立德树人的根本任务，积极组织和创新方法及手段，以提升读者的参与度，并扩大影响。

第一，"读"系列活动，拓展阅读新范式，让阅读无处不在。

"悦读新时代——四川高校阅读文化节"活动是成都医学院图书馆集中向读者推荐由四川省普通高等学校图书情报工作指导委员会组织的"青春逢盛世

开卷有益：
高校阅读文化建设与实践

奋斗正当时"党史知识竞赛、"青春心向党 献礼二十大"悦读心语微视频征集活动、"科技强国 未来有我"名师科技讲坛21天打卡活动，鼓励引导读者参与，以多元阅读活动形式开阔读者视野，增长见识，激发永远跟党走、奋进新征程的热情和动力。

"书香伴成长"阅读打卡是成都医学院图书馆通过线上打卡、线下阅读的方式为读者推荐"成长励志"书目，引导学生利用假期养成坚持阅读的良好习惯，并在阅读中体会成长的喜、怒、哀、乐，在阅读中克服成长中的困惑与挫折。参与活动的读者可以在指定的QQ群中进行线上阅读打卡，并在规定时间内提交读后感，最终根据大家的打卡天数和读后感质量综合评奖。

"书香伴成长"阅读答题是成都医学院图书馆从成长励志书籍中提取相关人物、事件、地点等为线索，通过图书馆微信公众号向全校读者推送竞赛信息，以线上答题的形式方便读者随时参与。在活动中引导读者阅读成长励志相关书籍，提高其阅读品味、开阔眼界。

"春风十里不如荐阅有你"教职工荐阅活动也是成都医学院图书馆推出的代表性活动之一。阅读是增强教师专业底蕴的重要路径，教师荐书是阅读育人、文化育心功能得以发挥的有效方式。该次荐书活动创新采用视频荐书、现场荐书、线上荐书等荐读方式，让大家共赴了一场阅读与思维碰撞的精神盛宴，收获了阅享书香的乐趣，在全体教职工中营造了良好的共读共研氛围，也发挥了培养学生阅读兴趣与习惯的示范与引领作用。

第二，"赛"系列活动，助力大学生信息素养提升。

"语暖成医"口语大赛是集英语口语与艺术风采双重展示为一体的活动，主要用语言魅力诉说着温暖的成医之声。该次大赛通过将线上与线下相结合的形式，在全校范围内甄选优秀选手进行英语口语比拼，营造浓厚的英语学习氛围。现场决赛分为英文朗诵、现场问答、才艺展示等环节，全方位展示成都医学院大学生的英语口语风采。

信息素养大赛依托线上参赛平台，以贴近医学学科特色与卫生健康领域热点相关的题目，激发成都医学院大学生学以致用的兴趣，鼓励他们在现代信息环境下提高信息检索技能、树立终身学习理念，促进读者全面提升信息素养等能力。

医学经典溯源活动是为帮助成都医学院全校师生深入了解和使用医学信息数据库，提升其医学方面的信息素养能力。成都医学院图书馆举办"医学经典溯源"检索竞赛，促使读者熟练掌握医学数据库助力教学科研。

第三,"享"系列活动,浸润书香伴读成长。

Yue 读者活动。Yue 的含义为阅、悦、越、约、月。该活动通过每月的书单设定,搭建阅读交流平台,增强老师与学生、学生与学生之间的交流互动,让大家深刻领悟到交流的重要性和阅读带来的思考与成长,让大学生认识到自我思考的价值与意义,在日常学习中不但要获取知识,也要从自身的思考中得到内心的答案。

"书与花香"活动的灵感来源于 4 月 23 日 "世界读书日"的起源传说,书是胆识和力量的象征,"圣乔治节"期间人们都有赠送玫瑰和图书给亲友的习俗。图书馆以此为寓意,开展"书与花香"借书赠花活动。鲜花幽香、书香绵长,浸润在书香与花香中,大家都兴致勃勃地选书、办理借阅手续、领取鲜花,现场反响十分热烈。

"图书漂流"活动。漂流的图书与馆藏图书资源是一种互补,成都医学院图书馆将传统借阅模式与创新服务理念相结合,精心准备了五十册图书进行首次漂流,打通了借阅服务的"最后一公里"。大学生热情高涨,积极分享自己喜欢的书籍,并填写漂流清单和祝福明信片以传递爱心,献礼中国共青团成立 100 周年暨五四青年节。

"书香伴成长"阅读交流以"坚定红色信念 传承百年荣光"为主题,深入探讨了老一辈共产党员披荆斩棘、攻坚克难的精神,鼓励更多师生通过阅读的形式坚守初心、不忘使命。成都医学院图书馆在筛选优秀读后感后进行现场交流分享,活动中穿插有书籍介绍、读后感诵读、教师评鉴等环节,让在场人员都获得参与体验,深度感受交流、分享的快乐。

年度优秀读者评奖活动充分利用阅读榜样的宣传效应与示范作用,鼓励优秀读者继续担当阅读活动的宣传者、参与者和推进者,带动更多读者加入阅读潮流,形成良好的校园阅读风尚。成都医学院图书馆综合评比出"阅读之星""入馆之星""学生馆员之星"等奖项,以优秀读者表彰为契机,发挥图书馆文献资源的作用以激发广大读者的学习热情,在全校营造书香励志、助学成才的良好氛围,以同辈示范效应激励更多大学生通过阅读而博学、修身、砺志、笃行,发挥阅读涵养美德、激浊扬清、向上向善的教育功能。

第四,"展"系列活动,青春心向党献礼二十大。

伟大的思想,可以流传千古;经典的文化,可以提升内涵。"阅读经典,妙笔丹青"活动旨在鼓励成都医学院大学生广泛阅读中国传统经典,并深入阅读和理解作品内涵,从中提取故事场景或人物进行绘画艺术创作,激发大学生的创作能力与动手能力。大学生的创作内容全部取自中国传统经典名著中的故事场景及人物，包括"黛玉葬花""庄周梦蝶""桃园三结义"等大家耳熟能详的故事。

"百年青春心向党"主题系列画展展出了在不同历史时期，广大青年在中国共产党的领导下，接续奋斗、建功立业的艺术作品。通过展出不同时期中国青年的光辉事迹，激励学生成长为有理想、有本领、有担当的社会主义接班人。了解党带领一代代青年接续奋斗的光辉历程，增强永远跟党走的信念与信心。

学生绘画作品展以大美校园、人文景观及医学艺术为题材，为学生提供了一个积极展示自我才华的平台，极大地丰富了师生的校园文化生活，展现了成都医学院大学生卓越的绘画风采与精神风貌，是内涵深刻的美育实践。

（二）"读百年伟业史　书青春中国梦"第十五届阅读文化节

1. 活动概况

2021年，成都医学院为庆祝中国共产党成立100周年在4月至6月举办了第十五届阅读文化节活动，文化节由图书馆主办，并开展了多项阅读推广活动。阅读文化节紧紧围绕着"庆祝中国共产党成立100周年"，聚焦党史学习教育。

阅读文化节开展了十项主题活动，为全校师生呈现了精彩的红色阅读盛宴。并向全校发出《成都医学院图书馆4·23全校阅读活动倡议书》，号召全校师生读党史学精神、阅经典传力量、展风采绘新篇。阅读文化节举办了隆重的启动仪式，以演唱节目——《唱支山歌给党听》开启本次活动，一曲山歌悠扬起，与党同心向未来，把党比作我们亲爱的母亲，唱出了全场师生的心声，也表达着师生对中国共产党百年华诞的深情祝福。学生表演诵读原创节目《花萼山之恋》，致敬中国共产党成立100周年。

全校师生通过线下与线上相融合的方式参与活动，组织策划"百年伟业"阅读打卡、"走进英模"微书评等红色系列活动五项，信息检索大赛、医学图谱辨识大赛等信息素养专题活动两项，书画摄影作品征集、英语口语大赛等传统阅读推广活动两项，举办红色记忆作品展等。阅读文化节积极借助全媒体宣传矩阵，在全校营造"庆祝中国共产党成立100周年"阅读文化氛围，培育全校师生树立"多读书、读好书、好读书"的理念，以书香浸润心灵、以阅读温暖人心、以文化提振精神，推进成都医学院的全民阅读工作。

2. 活动主要内容

共阅百年辉煌，同忆峥嵘岁月，成都医学院图书馆在阅读文化节活动中坚持红色主题导向、多点推广，大力营造良好的书香氛围和积极向上的文化环境。

一是红色主题系列活动，共庆中国共产党建党 100 周年。红色主题系列活动聚焦中国共产党建党 100 周年，引起大家强烈的共鸣和广泛的关注，充分展示了成都医学院学生积极向上的思想意识、锐意进取的精神风貌，凸显了学校健康高雅、文明向上、全员参与的校园文化氛围。

百年伟业催人奋进，激励青年一代为中国梦努力奋斗。"百年伟业"阅读打卡活动是成都医学院图书馆选取中国共产党建党 100 周年相关书籍进行推荐，参与活动的大学生在指定 QQ 群进行线上阅读打卡，并在规定时间内提交读后感，最终根据大家的打卡天数和读后感质量进行综合评奖。

榜样的力量在每个时代都是不可忽视的，"走进英模"微书评是成都医学院图书馆向读者推送为新中国成立做出突出贡献的英雄模范人物相关书籍，带领读者穿越时空与英雄模范对话，让成都医学院学生走进英模人物，感受革命艰辛。参与活动的大学生可在图书馆微信公众号相关推文下留言，图书馆可以精选留言。

红色经典是宝贵的精神食粮，"红色经典"阅读交流是成都医学院图书馆通过组织读者提前阅读中国共产党建党 100 周年的相关红色经典作品并提交读后感，再筛选优秀读后感进行现场交流分享。活动中还穿插了书籍介绍、读后感诵读等环节。

"读党史 我来答"活动是成都医学院图书馆从馆藏红色经典书籍中提取党史相关人物和事件线索而形成的题目，通过答题竞赛的形式，引导读者积极阅读红色经典，重温党的百年历史。该活动通过成都医学院图书馆微信公众号向全校读者推送党史答题竞赛具体题目，方便读者随时答题。

"我读经典给你听"活动是成都医学院图书馆鼓励师生将深情朗诵献给党，由读者自选红色经典书籍或抒发爱国爱党情怀的文章进行诵读，利用图书馆的智能朗读亭或自行使用手机录音保存为参赛作品。

与党同心，与党同行，红色记忆作品展是成都医学院图书馆在阅读文化节期间推出的与党史、新中国史、改革开放史、社会主义发展史、100 位为新中国成立作出突出贡献的英雄模范人物等相关的红色主题图书，举办"永远跟党走"庆祝中国共产党成立 100 周年大型红色记忆作品相关的主题展览，与全校读者共同追寻红色记忆。

二是持续开展传统阅读活动，提升全校读者的人文素养。用丰富多彩的阅读推广手段，吸引广大读者参与到阅读活动中来，在阅读中感受艺术力量、培育审美修养、提供人文素养。

祖国处处好风光，美丽中国常伴我心。"美丽中国"书画摄影作品征集活动是成都医学院图书馆面向全校读者征集书画摄影作品的活动，包括百年党史、自然风光、人文景观、成医学子风采等主题，给成都医学院学生提供展示其文艺风采的舞台。

语言的魅力让我们敢于发声，为促进读者之间基于英语学习的交流和竞技，"语暖成医"英语口语大赛是成都医学院图书馆举办的第四届英语口语类活动，经过初赛、复赛、决赛的方式决出最终奖项。

为培育大学生的责任意识和榜样意识，有计划地营造服务育人、管理育人、教书育人的氛围，成都医学院图书馆评选在各方面表现优异的大学生读者，鼓励他们持续阅读，并带着阅读的收获继续前行，综合评比出"阅读之星""入馆之星""学生馆员之星"等奖项。该活动通过树立先进典型，引导成都医学院学生徜徉书海、增强文化底蕴、养成热爱阅读的良好习惯。同时也能提升成都医学院图书馆的影响力，增加图书馆在读者中的亲和力，让读者更加信任图书馆、依赖图书馆，带动成都医学院学生的读书热情，鼓励读者多借书，积极发挥图书馆为读者组织读书、服务读书的阵地作用。

三是开展信息素养专题活动，营造信息素养学习环境。信息素养是当代信息社会生活中不可或缺的技能，通过专题活动能提高成都医学院读者的信息素养，提升其知识与信息的获取、筛选、评价能力，帮助他们更好地开展学习与科研。

在这个知识爆炸、信息数据瞬息万变的时代，培养师生的学科专业数据库使用技巧十分重要。在医学图谱辨识竞赛中，成都医学院图书馆选用了Clinicalkey Student数据库中的医学图谱，请读者按要求回答图谱呈现的组织结构、疾病信息名称及其文献来源。

"知网杯"信息检索大赛通过便捷的线上答题方式，充分激发读者的信息检索兴趣，活跃校园学术氛围，提高了学校读者对图书馆信息资源的检索、运用能力，使读者在现代信息环境下自觉提升信息检索能力和主动学习能力，从而达到全面提升读者信息素质的目的。

这些阅读文化活动让成都医学院的读者群体通过阅读活动感受力量、激励成长、浸润心灵，培养了良好的阅读习惯与自主学习能力，积极引导读者在阅读中学会思考、开阔视野、感悟人生，在读书中成长成才。阅读文化在成都医学院形成了良性影响，凸显了成都医学院健康高雅、文明向上、全员参与的和谐校园文化氛围，充分展示了成医学子全面发展、锐意进取的良好精神风貌，谱写了新时代大学生奋进拼搏的青春赞歌。

（三）"阅战疫情，笃行医道"第十四届阅读文化节

1. 活动概况

2020年，为持续响应联合国教科文组织"走向阅读社会"和我国"倡导全民阅读，建设书香社会"的号召，成都医学院以"阅战疫情，笃行医道"为主题开展阅读文化节，聚焦2020年全国抗击新型冠状病毒肺炎疫情的特殊任务，讲好阅读战"疫"故事、弘扬优秀传统文化。

此次阅读文化节采取线上开展的方式，通过网络平台、图书馆微信公众号等参与活动，组织11项线上阅读主题活动持续开展了两个月。组织策划战"疫"记忆、战"疫"心声等书香战"疫"系列活动四项，阅读猜猜猜、阅读打卡征文等传统阅读活动四项，信息检索大赛、医学经典翻译大赛等信息素养专题活动三项，以书香浸润心灵、以阅读温暖人心、以文化提振精神。

2. 活动主要内容

图书馆在阅读文化节活动中坚持以"阅战疫情，笃行医道"为主题导向、多点推广，组织开展了11项主题活动，以阅读抚慰师生心灵，大力营造良好的书香战"疫"氛围和积极向上的文化环境。积极持续组织成都医学院学生参加校外阅读推广活动，指导帮助他们适应线上参赛模式，如组织学生参加"第三届图书馆杯四川全民英语口语大赛"，四川省高等学校图书情报工作委员会主办的"阅读战'疫'——探索科技与生命的意义共读活动"等。

第一，书香战"疫"系列活动，保存共同的战"疫"记忆。

战"疫"记忆活动是成都医学院图书馆面向全校师生收集抗击新型冠状病毒肺炎疫情期间的相关作品，保存了成都医学院及附属医院的战"疫"记忆。在抗击新型冠状病毒肺炎疫情期间，成都医学院附属医院医生积极参加抗击新型冠状病毒肺炎的工作，全校师生严格落实抗击新型冠状病毒肺炎疫情期间各项要求，坚持"停课不停学，教学不延期"，有序开展了网上教学。图书馆作为学校文献资源中心，充分收集了这一特殊时期真实记录广大师生的防疫事迹、战"疫"感悟的具有历史价值或特殊意义的文献资料，共同做好特殊时期

的学校战"疫"记忆保存,传承新时代的奉献精神。

战"疫"心声活动。图书馆征集成都医学院最美声音,诵读成都医学院附院援鄂医护人员战"疫"日记。向最美逆行者致敬,并祈祷患者健康平安,为祖国加油呐喊。通过组织师生诵读战"疫"日记,大家一起感受最美逆行者的付出、勇敢与担当。

第二,持续开展传统阅读活动,提升医学生人文素养。

以书为友,阅行青春,持续举办趣味阅读活动。"你选书,我买单,网上荐购图书"活动向读者开放海量书目,开启读者选书、图书馆买单的新型阅读服务模式。阅读打卡征文以"品巴蜀文学 传四川文脉"为主题,旨在让成都医学院学生通过阅读四川作家的作品,了解并热爱巴蜀文学,充分宣传了"文翁治蜀文教敷,爱产杨雄与相如。诗人从此蜀中多,唐有李白宋有苏"[1]。图书馆引导师生探寻巴蜀文化的文明起源,领略其深厚的底蕴和发展,感受四川这片大地上文人荟萃、英才辈出。"阅读猜猜猜"活动从选出的经典著作中提取了内容片段或提取了经典著作的索书号、出版社等信息,让读者根据其提供的线索寻找并写出作品名称,帮助读者从多渠道、多方面进行阅读,开拓阅读视野,提高阅读兴趣,从而引导读者形成良好的阅读习惯。这些活动进一步加强了图书馆与读者的互动,让更多读者参与到图书馆的活动中来,营造浓厚阅读氛围,加强图书馆与读者之间的沟通与交流。

开展"读者之星"评选活动,以榜样典型引导大学生积极参与阅读活动。成都医学院图书馆评选了在各方面表现优异的读者,鼓励其他人向这些优秀读者学习。图书馆综合评比出"勤工助学之星"等奖项,通过树立先进典型,引导学生徜徉书海、增强文化底蕴、养成"多读书、读好书、善读书"的良好习惯。

成都医学院图书馆通过阅读文化节积极开展阅读文化相关活动,丰富了读者的精神文化生活,营造了浓郁书香氛围,谱写了新时代大学生奋进拼搏、助力战"疫"的青春赞歌。各类阅读文化活动让学生通过阅读获取知识、收获成长、凝聚力量,也为深入推进校园文化建设,形成文化育人和读书育人的良好氛围提供了有力支持。

---

[1] 张作斌、向明编选:《中华现代诗词千首》,新华出版社,1988年,第116页。

（四）"读经典　赞盛世"第十三届阅读文化节

1. 活动概况

传承经典，悦读盛世。成都医学院在2019年开展"读经典　赞盛世"阅读文化节，融入新中国成立70周年主题。主办单位成都医学院图书馆经过精心策划、周密部署、上下联动、内外协调，深入贯彻党的十九大精神中关于弘扬中华民族传统文化、倡导全民阅读和建设书香社会的号召。

该届阅读文化节活动坚持以红色主题为引领，组织开展了八项主题活动，营造了良好的阅读文化氛围。阅读文化活动期间进行了广泛的活动宣传，及时发布信息和跟踪宣传，利用微信、微博等新媒体开展线上活动。阅读文化系列活动在成都医学院大学生中引起了强烈共鸣和广泛关注，弘扬了爱党、爱国、爱社会主义的主旋律，凝聚了师生奋进新时代的强大动力。

2. 活动主要内容

第一，诵读经典，伴读成才，培育大学生爱国主义情怀。

成都医学院图书馆深入贯彻党的十九大精神，弘扬中华民族优秀传统文化，树立榜样力量。组织开展成都医学院中华美文诵读大赛，各院系部门踊跃提交诵读视频，通过诵读经典美文歌颂祖国，发现校园经典之声。指导读者排练情景朗诵《马兰谣》（原创策划：四川音乐学院　黄虓），在校外阅读活动及阅读文化节开幕式上呈现，致敬新中国成立70周年，讴歌献身国防科技事业的杰出科学家林俊德院士。此节目让现场师生无不动容，牵动着每个人的家国情怀，激励着大家的拳拳报国之心。指导读者表演情景朗诵《酒中仙》（原创策划：四川音乐学院　黄虓），既展现了中华经典诗词魅力，又传承了中华优秀传统文化。

为发挥经典文化净思涵德的作用，成都医学院倡导快乐读书，培养大学生读书明理，升华成都医学院学生立身做人的思想境界。开展"品味经典　且学且思"读书交流分享活动，面向全校师生征集阅读钱锺书、杨绛两位先生作品的读后感，遴选优秀作品进行交流分享。读书交流会持续了两个多小时，他们畅谈读书心得，既丰富了自身的知识储备，又学会了思考，激发了灵感。"'阅心灵　越成长'经典猜猜猜"活动用新媒体的方式诠释了经典名著的魅力，从经典著作中提取人物、事件等线索信息，引导读者猜出正确的著作名称。"书山有径　为书找人"活动以新颖的方式吸引读者进入图书馆"寻宝"，提供了七十本优秀著作,向读者提供书目线索,通过提示信息寻找目标图书,最先找到指定图书的读者即可获得该书。通过一系列趣味横生的阅读活动,成都医学院促进了他们对经典图书的关注和兴趣,从而激发其阅读热情和参与阅读活动的积极性。

第二,要充分发挥阅读育人的正向作用,引导大学生全面发展和提高综合素质能力。

坚持走出去与引进来相结合,组织学生参加校外活动,邀请名师进校园,激励大学生敢于拼搏、勤奋上进的精神斗志。成都医学院图书馆大力宣传并鼓励读者积极参与各级比赛,拓展自身的知识储备,在更广阔的平台展示学校读者的风采和实力。阅读文化节期间图书馆邀请新东方金牌讲师到校进行口语学习专题讲座。讲座现场座无虚席,新东方金牌讲师将成都医学院学生英语学习的热情调动了起来。图书馆通过学习讲座这种方式提高成都医学院师生英语学习兴趣,解决他们在英语学习中遇到的一些困境,从而提升他们对图书馆英语类资源库的关注度与使用率。

营造信息素养学习环境,打造大学生自主学习的平台,营造浓厚的自我成才氛围。电子资源检索大赛通过便捷的线上答题方式,激发成都医学院学生的信息检索兴趣,活跃了校园学术氛围,提高了读者对图书馆信息资源的检索、运用能力,使读者在现代信息环境下自觉提升信息检索能力和主动学习能力,从而达到全面强化读者信息素质的目的。

第三,充分发挥阅读文化的激励作用,延展医学生人文素养创新领域。

培育人文素质,丰富大学生社会主义核心价值观的时代内涵。举办"书签伴阅"寻找最美书签大赛,面向成都医学院学生征集具有本校特色和图书馆特色元素的原创书签设计作品,鼓励师生充分发挥艺术思维、激发创新灵感,让他们以自己的视角描述对图书馆的美好定义,并将优秀作品进行展示宣传、制作成品。该次活动积极响应了国家大力支持和发展文化创意与设计的政策,全力推动"书香成医"的建设,进一步加强图书馆与读者的互动,让更多读者参与到图书馆的活动中来,营造浓厚的阅读氛围,加强了图书馆与读者之间的沟通与交流。

培育大学生的责任意识和榜样意识,成都医学院图书馆进一步打造服务育人、管理育人、教书育人的氛围。持续开展"人生驿站图书馆"评优系列活动,评选了在各方面表现优异的成都医学院学生。综合评比出了"悦读之星""优秀组织奖""优秀讲解员"等奖项。图书馆通过树立先进典型,引导学生徜徉书海、增强其文化底蕴。

阅读文化节充分依靠图书馆学生管理工作委员会及广大学生读者，发挥读者的主体作用，放手让学生在多项活动中实施策划、组织、推广等具体工作，既能锻炼学生组织开展活动能力，又能激发其参与意识和阅读激情。学生在阅读文化节中表现出强烈的参与意识，在参加校外大赛时参赛学生表现出积极的竞技精神与拼搏精神，体现了强烈的集体荣誉感。这些阅读文化活动展现了当代大学生的美丽与智慧，用丰富多彩的方式唤起了人们对于阅读的渴望，让更多的读者加入传承经典、悦读人生的氛围中。

（五）"好阅经典书，喜读新时代"第十二届阅读文化节

1. 活动概况

阅读传承文化经典，书香共筑中国梦。2018年4月，成都医学院图书馆联合成都市新都区"区域图书馆联盟"主办"好阅经典书，喜读新时代"阅读文化节，努力实现广泛性与针对性相结合、创新性与实效性相结合、及时性与持续性相结合，充分发挥阅读文化节励志省思的作用，夯实成都医学院学生传承中华民族优秀传统文化的思想基础。

在阅读文化节期间，成都医学院图书馆组织开展了十二项主题活动，鼓励广大读者共阅经典、传承文化。成都医学院图书馆策划并举办了隆重的启动仪式，组织学生排练原创美文诵读表演。在启动仪式上，身着汉服的成都医学院学生，饱含激情地诵读古典诗词，让大家体会到经典美文的魅力。成都医学院图书馆倡议广大读者在新时代要主动阅读、快乐阅读，从阅读出发去发现世界，并传承优秀文化，为书写文明新篇章的贡献智慧。

2. 活动主要内容

一是要开展多元阅读活动。图书馆开展"品味阅读，回味经典"读书交流会，以《活着》《老人与海》两部小说为指定阅读书目，围绕"苦难与抗争""失败与奋斗"两个主题向读者征集读后感及交流会的主题发言稿。现场交流持续了两个多小时，他们畅谈读书心得，丰富了知识，学会了思考，激发了灵感。本届首创的"'品读人物，回味经典'——名著猜猜猜"活动，用新媒体的方式诠释经典名著，让阅读成为乐事，探索传统文化的趣味。该活动从经典图书中提取了三十个人物描写的相关话语，请读者按线索猜人物名称及出处。图书馆通过此次活动，促进成都医学院学生对经典图书的关注和阅读，从而激发其阅读热情和参与阅读活动的积极性。

二是引导成都医学院学生参加竞技展现其风采。图书馆组织学生参加由四川省图书馆学会等主办的"图书馆杯四川全民英语口语大赛",海量甄选优秀选手进行英语口语比拼。成都医学院图书馆大力宣传并鼓励学校读者积极参与比赛,拓展自身的外语知识储备,在更广阔的平台展示学校读者的风采和实力。为便于广大读者利用图书馆的资源,大赛采用线上与线下相结合的形式,使得读者足不出户便能参与群体性的文化活动,体现了图书馆在数字网络时代中的新型服务手段。

三是充分培育大学生艺术审美修养。通过"书随我行阳春晒"摄影大赛,鼓励成都医学院学生走进图书馆寻找心仪的图书,让馆藏图书重新焕发活力,培养读者的阅读兴趣,推动馆藏建设和馆藏文献的利用率。充分鼓励大学生形成以书为伴、阅读成长的良好风貌。开展"我与图书馆"微视频大赛活动,鼓励读者以"我与图书馆"为主题提交视频作品,让他们用自己的视角记录图书馆的美好瞬间,并将优秀作品进行展示和传播。

四是营造服务育人、管理育人、教书育人的氛围。图书馆开展"特别还书周·超期全减免"活动,在世界读书日所在周读者到馆还书超期费用全部减免。通过活动提升图书馆的影响力,开展"人生驿站图书馆"评优系列活动,评选了在各方面表现优异的读者,阅读文化节还特设了特别贡献奖,表彰在阅读文化节期间表现优异的读者,并为他们颁发终身读者证。通过树立先进典型,引导成都医学院学生热爱阅读。

(六)"阅馆有益 文化弘医"——基于阅读元素的校园文化载体建设

校园文化是学校具有的特定的精神环境,有着特殊的教育功能和文化内涵。校园文化也是无形的,需要以具体的形态为依托才能被广大读者感知、对他们产生潜移默化的深远影响。《普通高等学校图书馆规程》明确了高校图书馆的两个功能:服务于教学科研和学校文化建设。高校图书馆本身是校园文化的有机组成部分,图书馆也直观展现着高校校园文化的特色,是高校历史文化发展脉络的见证者,有条件、有能力、有责任参与校园文化载体建设,将阅读元素融入校园文化载体建设,具有深远的现实意义和文化价值。

成都医学院图书馆发挥实体资源优势,从物质层面开展校园文化载体建设,使人直观感受文化、体味文化,提升校园文化层次,发挥图书馆文化的育人力量、陶冶情操、拓宽视野,提高校园文化建设实效。成都医学院图书馆探索构建"文化空间—文化标识—文创产品"校园文化载体,在馆舍内形成了良好的校园文化氛围，积累了一系列校园文化标识与产品，传递着本校的校园文化精神。

1. "文化空间—文化标识—文创产品"校园文化载体建设

图书馆充分利用馆舍环境，融合阅读主题元素，开展以校园文化空间建设为中心、以文化标识和文化产品为支撑的校园文化载体建设。

（1）校园文化空间。

一是公共文化空间。它包括阅读文化空间与传统文化空间。阅读文化空间是指在每年阅读文化节期间，成都医学院图书馆会在内部公共区域设计阅读文化专题展台，供读者打卡合影，浏览阅读文化活动信息等；成都医学院图书馆从一楼至四楼打造了励志步梯走廊，张贴古今中外医学名家画像与简介，让师生能在阅览名家事迹中激励自身成长；持续优化基础借阅空间，馆内有宽敞明亮的开架式借阅环境，绿植花卉协调、色彩照明和谐、服务设施完善，书香气息浓厚。传统文化空间是指成都医学院图书馆将图书馆一楼打造成医学特色馆藏展示区（图5-1），以六组古朴的木质玻璃展柜收藏《四库全书·医书集成》《儒藏》等经典古籍，展现中华传统文化的博大精深；图书馆入口大厅连廊设计"非物质文化遗产——分水油纸伞"文化展示区（图5-2），连廊定期举办传统书画艺术展，墙面安装有电子画框，可滚动播放中华传统名画等资源，带领师生穿越时光长廊感悟传统文化的独特魅力。

图5-1　医学特色馆藏展示区

开卷有益:
高校阅读文化建设与实践

图 5-2 "非物质文化遗产——分水油纸伞"文化展示区

二是研学文化空间。它包括图书馆研修室与丹桂交流区。研修室分布在图书馆三楼和四楼的三大区域，共14间，分别以"云程发轫"（图5-3）、"嘤鸣和声"（图5-4）、"探赜索隐"及"钩深致远"为主题室名。室名取自《诗经》《周易》等传统典籍，契合医学生探求真理、精益求精、奋楫争先的学风，文辞优雅、寓意深远，寄托着图书馆对成都医学院学生的殷切祝愿。

图 5-3 "云程发轫"主题研修室

图 5-4 "嘤鸣和声"主题研修室

研修室融合传统之名与现代科技，配置触屏一体机、便携式投影仪、电脑等现代设备，为读者提供了舒适便捷、独立私密的学术交流研学空间。丹桂交流区位于一楼，融合校园地域文化，与图书馆中庭的桂树交相呼应，意在希冀成都医学院丹桂飘香伴学成才，每到秋季便有"窗外丹桂芬芳，馆内书香四溢"的自然文化意境。墙面励志画作均由馆员创作而成，并配备了个性化桌椅，为读者提供了让人畅意交流和轻松愉悦的学习研讨空间。

三是红色文化空间。图书馆一楼打造了两处红色经典阅览区，根据不同主题定期更新推荐书籍，如打造"青春献礼二十大　强国有我新征程"（图5-5）和"永远跟党走　奋进新征程""不忘初心　牢记使命""庆祝中华人民共和国成立70周年"等主题书展，让图书馆馆内洋溢着红色阅读氛围，鼓励成都医学院的教师与学生积极融入红色阅读；红色阅览区附近定期举办红色图文展览，如"我和我的祖国"艺术展等，用生动的图文向他们传递红色文化，根植红色信念。

四是医学文化博物馆空间。成都医学院图书馆积极挖掘、保护、收藏有关成都医学院历史发展过程中的医学文化物证史料，致力于传承与发扬医学文化，主动承担校园医学文化的传播与塑造工作。图书馆精心开辟医学文化博物馆空间，收藏和展示病理片、病例手稿、实验记录等医学历史资料，医疗秤、显微镜等医学实验仪器，还有20世纪80年代的图书馆卡片目录柜（图5-6）、打字机等历史物件，让广大读者在图书馆馆内也能感受到医学文化。

图 5-5 "青春献礼二十大　强国有我新征程"主题书展

图 5-6 图书馆卡片目录柜

（2）校园文化标识。

一是校园阅读文化标识。它主要包括阅读文化楹联与阅览标识。2021年，时任图书馆馆长王伦安教授创作了两幅文化楹联，分别为"楼影映池塘柳翠荷香尽收中外事，馆藏出巷陌文光墨韵勤览古今书""月下险峰犹可攀乘风直破万卷，源头活水不须问落笔自题千言"，展示于成都医学院图书馆正门立柱。楹联凝聚了成都医学院图书馆对读者的期待，是校园阅读文化精神的外化与升华。图书馆阅览区、书架等公共区域都有与阅览相关的温馨提示、文明阅览标语、励志劝学书画作品、书目推荐海报等，将阅读文化充分融入了阅览环境。

二是校园医学文化标识。它包括医学标语、原创医学手绘等。图书馆一楼大厅幕墙嵌入了"医学生誓言"与"希波克拉底誓言"展板，大厅立柱展示成都医学院校友顾一鸣捐赠的医学绘画作品《藏象与结构》，公共区域也挂有学生解剖绘画作品等。多元医学文化标识形成了浓厚的励志弘医环境氛围，让入馆读者都能在潜移默化中受到医学文化的熏陶。

（3）校园文创产品。

成都医学院图书馆近年来紧跟文创产品设计热潮，借鉴优秀经验成果，根据自身特色，衍生出一批校园文化创意产品，成为校园文化传递有效载体，包括成都医学院 Logo 书签、"成医四季"学生原创设计书签、成都医学院纪念笔记本、医学解剖元素文创笔、阅读文化衫、图书馆"劝学"文创帆布袋、成都医学院艺术台历、信封等。图书馆重视征集学生原创作品，展示成都医学院学生文化艺术风采，将其转化为校园文创产品，实现校园文化成果转化。这些校园文创产品向教师与学生传递着校园文化与文创产品融合的理念，助力师生在校园文创产品中凝聚认同、增强文化自信。

2. 效果与影响

多重文化空间励志助学，有效夯实校园环境文化育人环境。成都医学院图书馆研修室利用率在持续上升，两年来研修室的使用人数突破了 10000 人次，为教师与学生的科研学习提供了坚实助力，广受赞誉。师生经常利用研修室开展研讨班、文化活动、读书会、党史专题学习会等；2022 年硕士研究生复试期间，图书馆开放研修室作为线上复试空间，为考生准备电脑、麦克风、摄像头、三脚架等，多名考研学子在复试空间的助力下圆梦"研"途。

积累系列校园文创产品，助推校园物质文化更加丰富。近年来，图书馆设计并制作了一系列校园文创产品，并通过阅读文化节、新生录取通知书、读者服务活动、阅读交流会等形式在校园师生中传播，这些文创产品成为热门的校园文化纪念品，包括以原创书签、笔记本、文创笔为主的文具用品系列；以阅读文化衫、帆布包为主的生活用品系列；以成都医学院图书馆台历、明信片、励志卡片、信封为主的文化用品系列。图书馆设计的文创产品贴近本校师生生活实际，赋予这些产品成都医学院特色的文化内涵，成为校园文化建设的重要支持，形成校园物质文化，潜移默化地传递着校园文化精神。

形成新的校园文化地标，持续营造校园文化的集体记忆。图书馆建设的多重校园文化载体逐渐成为本校师生打卡的留念地，以及各学院宣传片的拍摄取景地，形成了新的校园文化地标。如毕业生在医学生誓言前留影纪念、在研修室拍照留念学习点滴，入馆读者在红色阅读区与红色展览区合影，阅读文化节获奖读者在风采展示区留影等，大家在图书馆能充分感受校园文化带来的集体记忆。

图书馆校园文化载体建设充分利用图书馆现有的物质资源，贴近师生实际，育人价值明显；形成了系统化的校园文化载体，实现了图书馆校园文化空间、标识、产品的有机结合；通过校园文化载体建设，有效提高了图书馆文化影响力，深化了育人功能。同时，图书馆在校园文化载体建设中，充分展示校园文化的不同内涵和意蕴，如医学文化、红色文化、校史文化等，追求多重载体建设与多维文化熏陶的双层融合；突破了传统单一的图书馆阅读环境的育人模式，构建了"空间—标识—产品"三重校园文化载体。

总的来说，融合阅读元素的图书馆校园文化载体建设，可以在文化育人中发挥其引导作用。一方面，图书馆校园文化是一种氛围和一种精神，能凝聚人心和培育文化自信；另一方面，图书馆校园文化载体建设能提升学校的文化品位，是具有引导功能的重要育人资源。图书馆希望通过加强校园文化载体建设，夯实校园文化建设基础，以馆载情、寄情于物，将校园环境文化、物质文化与精神文化相结合，充分发挥校园文化的载体作用，增强校园文化的凝聚力和创造力，激励师生不断成长、不断超越，以实现馆育人、以文化人、以文育人、文化兴校、励志弘医的目标。

（七）阅读文化课程实践："读书与思维——开启医学生人文视野"选修课

多元文化不断冲击的现代社会，医学院校培育出具有人文素养的合格医学生，促使医学生更好地掌握学习和思维的方法，是医学教育链条中是不可或缺的重要一环。在全民阅读的大背景下，促使医学生更好地接受人文素养教育，教会其掌握阅读与思维的方式，显得尤为重要。促进全民阅读，提升医学生的阅读思维与人文素养，促进医学生的知识、能力和素质等全面发展是医学院校的职责与重要使命。成都医学院开设的"读书与思维——开启医学生人文视野"选修课，是在全民阅读的视野下以阅读文化课程教学实践，加强培养成都医学院学生的人文素养方面的教育。"读书与思维——开启医学生人文视野"选修课作为成都医学院人文教育的通识课程，能提高医学生对"学会学习"比"学会知识"更重要的认识，提升医学生人文素养综合水平。十余年来，成都医学院通过"读书与思维——开启医学生人文视野"选修课的教学开展了对人文素养教育的思索和实践,通过对该门课程实践的分析,可以为今后对医学生进行人文素养教育提供有效的参考与借鉴。

1. 课程开设的意义

20世纪医学领域的大师、现代医学教育的始祖、临床医学的泰斗威廉·奥斯勒(William Osler)尤其强调医学生的人文与教养,他在一百多年前就曾指出,医学实践的弊端在于缺乏对历史的洞察、科学与人文之间的断裂、技术进步与人道主义之间的疏离,而这三个问题迄今没有得到很好的解决。当代社会,随着科学技术突飞猛进的发展,人们对生活质量和生命质量的要求越来越高,病人在接受高技术水平医疗服务的同时,还希望得到医务人员的人文关怀。但是,长期以疾病为中心、技术至上的观念使医务人员易在实践中无意识地将病症与病人分离,与病人的交流仅仅停留在技术服务的物质层面上,而忽视了病人作为有思维、有情感的人的精神层面上的需求,忽视了对病人人格的尊重、人性的关注、人的尊严的维护及对其应有的情感、隐私等方面的关注。

随着医学事业的发展,医务工作者应兼具知识技术、人文修养与人文关怀,这已成为业界共识。为此,我国高等医学教育界急切地呼唤"医学人文教育回归",一大批医学教育研究者对医学人文教育模式、医学生人文素质培养途径、医学人文课程设置方案等进行了大量的理论研究和实践探索。鉴于成都医学院很多专业招收的都是理科生,他们大多在中学阶段就缺少对"人文社科知识"的系统学习;入校后,由于传统医学教育模式中专业课程学习任务重等,人文社科类课程安排则相对较少。因此,医学生人文社科知识的学习和人文素质的培养就必然要在其自觉、自愿、自主的基础上才能有效进行。学校更需要不断探索如何让医学生在大学阶段充分地利用图书馆等资源,通过有效阅读和知识积累实现提高自身人文素质的目的。

2. 课程概况

"读书与思维——开启医学生人文视野"这门选修课旨在让大一新生通过课程的学习,认识到在大学阶段"学会学习"比"学习知识"更重要。这门课程通过"怎样读书""怎样学习""怎样思维"三个专题,不仅阐述了读书、学习和思维三者之间的有机联系,同时还介绍了读书、学习和思维的基本理论和各种方法。此外,该课程还专门就信息素养与终身学习安排了多个学时,目的是强化学生的信息意识,培养其获取信息的能力,提高大学生的信息素养。希望通过这门课程让更多的医学生在大学阶段更加注重自身人文社科知识的学习，注重自身人文素质的提高，注重和掌握对图书馆文献资源的查找、检索、整理和使用。

"读书与思维——开启医学生人文视野"这门选修课从大学生角色转变的视角阐述中学学习与大学学习的关系，让新生了解大学应该"学什么"和"怎样学"。该课程是一门集教育学、心理学、阅读学、图书馆学和信息学等多学科专业知识的课程，具有覆盖领域广、涉及专业知识多、内容丰富、信息量大等多学科交叉融合的特点。课程教学中以"强化一个意识、转变两个观念、培养三个能力"为主要目标。

"强化一个意识"就是要强化大学生终身学习的意识。知识更新周期的缩短、信息的海量增加、医学科学技术的日新月异，要求医务工作者必须坚持不懈地学习，以满足不断提高的工作要求与标准，而具备自主学习能力是实现终身学习的重要保障。

"转变两个观念"就是要引导大学生从只学知识到学会学习的转变。实现从中学阶段被动学习到大学阶段主动学习的转变，从任务性学习知识到主动学习各类知识转变，保持其求知欲与好奇心，提高持续获取知识信息的能力。

"培养三个能力"即培养医学生的阅读能力、学习能力和思维能力。人文课程教学使成都医学院学生热爱读书、享受学习、善于思考。同时，培养学生崇尚真理、敢于质疑、追求新知、不断创新的精神，树立科学的现代学习理念。

3. 课程内容与实施情况

"读书与思维——开启医学生人文视野"这门选修课的主要内容由绪论、信息素养教育和怎样读书、怎样学习、怎样思维四个专题组成，具体涉及多种与阅读素养培育相关的内容：大学生角色的转变，中学学习与大学学习的区别，信息素养概述，大学生信息素养教育的意义及目标、内容，信息素养与读书、学习、思维的关系，大学生为什么要学会读书，大学生阅读的特点与方式，合理选择图书和读书方法，大学究竟学什么，学习的功能与类型，学习与注意，学习与记忆，个性化学习，思维的概念与特征，创新思维的概念、方法及过程，常用创新技法。

课程教学设计独特，紧紧围绕着"强化意识、转变观念、培养能力"的总目标，设定了每个教学专题的分目标，每次课都设计好，尽量做到以下五点：结合教学内容提出一个值得深入思考的问题，启发开拓学生的思维，培养学生思考的习惯；选取一个有启发价值的实例，加深医学生对提高自身人文素养重要性的认识，学会理论联系实际和分析解决问题的方法；给予学生一次提问或课堂交流或做读书报告的机会，培养学生的批判精神，锻炼其口头表达能力；做一次有利于锻炼学生能力的练习，包括交流表达、采集信息、分析问题、自主学习和团队协作等；留一点时间收集学生反馈的意见，检查学生对所学内容的理解。

课程教学方法多元。采取讲授、自学、案例教学、小组讨论、课堂交流、读书报告等多种方式实施教学，如为了教会学生理论联系实际，安排小组讨论学习，要求学生查阅文献、收集资料、讨论交流，充分发挥学生的主观能动性，调动学生主动学习的积极性。通过不同专题、不同案例的学习讨论，达到启发学生思维、开阔学生视野、培养学生思维能力的目的；在知识学习上安排适量的内容让学生自学，培养学生自主学习能力，收到了较好的效果。

选取丰富的教学案例。任课教师结合教学内容和大学生学习生活实际，围绕课程内容相关专题选择了三十余个案例，学生对案例兴趣浓厚，学习参与度也较高，在互动交流中能实现预期目的。

重视教学效果评价。该课程改进了对学生学习效果只重课程考试、忽视过程的考核方式。开课之前，教学组研究确立了本课程要从考核知识向考核能力转变、注重过程性评价的原则，设计了平时成绩由学习纪律、课堂提问、读书交流、课堂报告等组成这一规则；课程结束后，以试卷形式对学生进行学习效果考核。开课十余年来，"读书与思维——开启医学生人文视野"这门课程深受医学生欢迎和好评，这是阅读文化与人文素养融合的有力探索和实践经验。

4. 课程实践经验

很多学者在调查中发现，很多医疗纠纷发生的原因并非技术问题，多是因医务人文精神缺失、法律意识淡薄、有意无意侵犯了患者的权利、与患者沟通不良、态度生硬、责任心不强等引起的。所以，中国医疗界在培育医务工作者人文精神方面仍任重而道远。通过本课程的教学实践，可以为培育医学生人文精神提供可借鉴的参考。

一是严密的课程设计是该课程顺利实施的保障。"读书与思维——开启医学生人文视野"这门选修课是由成都医学院独立开设的一门公共选修课，组织有医学、管理学、图书馆学、医学信息学、心理学等学科教育背景的教师成立该课程教学团队。虽然这些教师面临着对"阅读学""信息学"及学习思维等相关知识的理解和重新学习，但他们都有一个共同点，就是热爱这门课程教学。为了完成教学任务，他们在广泛学习相关文献的基础上，通过多次集体备课解决了大家的难题和困惑，反复讨论教学方案、教学方法与策略及考核内容和方法并完成了试讲。

二是多元教学方法和灵活的考核形式能提升学生的学习兴趣。兴趣是学习的内在动力。将人文社会科学知识与医学生专业教育进行有机融合，通过实际案例激发医学生的学习兴趣，运用案例教学、小组讨论、课堂交流等多种方式鼓励学生互动，提高教学效果。教师注重教学纪律管理和学生学习主动性积极性调动，加强对学生自我管理、自我教育、自我约束的引导和培养。

三是通过该课程教学进一步推动全民阅读，传播阅读文化，完善书香校园建设。基于全民阅读的视角，该课程建设要以科学发展观为指导，以推动社会主义核心价值体系建设为核心，以立德树人为根本，通过开设读书与思维课程教学，在大学生中营造良好读书氛围，进一步树立"书香校园"品牌形象，培养大学生"爱读书、勤读书、读好书、善读书"的良好习惯，辅助提升医学生综合素质和提高其岗位胜任力。

总之，在医学院校开设"读书与思维——开启医学生人文视野"选修课，开展医学生人文素养教育既顺应了全民阅读大背景，又推动了高校阅读文化纵深发展，也是有效应对现代医学模式转变的方式之一。十余年的实践经验累积充分说明了在高等医学院校教育中加强医学生人文精神和人文素质教育是提高医学生综合素质的有效途径。

（八）成都医学院阅读文化实践经验

立足自身优势，成都医学院图书馆联合区域文化机构，以阅读推广服务为切入点坚持多点宣传，在校内外营造阅读文化氛围，推进区域的全民阅读工作发展。成都医学院阅读文化实践的主要经验如下。

坚持一个传承。学校有着五十七载军旅生涯历史，是一所拥有丰厚红色资源和军旅文化优秀基因的医学院校。在"新医科"的背景下，学校坚持传承红色基因，将"根于军魂 本于医道"理念植入阅读文化，深入挖掘学校的红色资源、人文资源，既通过阅读推广服务助力教学、科研，又围绕"立德树人"这一中心环节，注重培养学生的"医者仁心"和"家国情怀"，引导学生传承红色文化基因，涵养医道文化精神，提升其人文素养，助力学生成长成才。图书馆以馆载史传承学校红色军旅文化，将阅读活动与红色教育、红医文化传播进行了深度融合，坚持以文化人、以文育人，弘扬医道文化，发掘和展现以社会主义文化、中华优秀传统文化、医学文化、校史文化等特色文化资源，不断完善多元共融的校园文化建设矩阵，充分发挥阅读育人的作用。推动大学生认同红色文化、弘扬医学精神、传承红医传统、加强思想教育，构建具有时代性、文化性、精神性、实践性的高校阅读育人生态。

夯实两个保障。学校图书馆在四川省普通高等学校图书情报工作指导委员会的指导下，通过机制保障和资源保障持续深化阅读推广工作。学校图书馆每年的资源建设经费和阅读推广专项经费充足，在资源建设上坚持"医学为主、古今精粹、中西学术"的馆藏目标，逐步形成了以医学文献资源、红色文献资源为主的资源特色。学校领导支持并参与阅读活动，逐步形成了以图书馆为主导、职能部门联动、院系大力支持、师生积极参与的阅读推广机制，使阅读文化节成为学校的年度重大文化活动。成都医学院图书馆组建校级学生组织成立成都医学院图书馆学生管理工作委员会，动员学生积极参与图书馆管理、服务、宣传、教育与阅读推广工作。该委员会成为学生和图书馆加强沟通联系的桥梁纽带。同时成都医学院图书馆联合了学校社团等组织，合作开展阅读活动，为学生提供成长平台，培育了多元阅读推广主体。

秉持三个引领。学校在阅读文化活动中，始终将以思想引领、文化引领、品牌引领为导向，实现阅读育人、至善弘医，凝心聚力践行文化育人。用高格调的阅读思想促进阅读育人工作的创新发展，体现阅读推广的大思路、大格局；用高品位的文化建设，引领大学生价值观正向发展，体现阅读推广活动的思想性、科学性、长远性；用高标准的品牌打造规范阅读推广体制等机制，促进全民阅读向多层次、广渠道、大范围推进。图书馆积极响应中国图书馆学会、四川省图书馆学会、四川省普通高等学校图书情报工作指导委员会等关于开展阅读推广活动的号召，自2007年以来，十六年坚守与传承融合多维文化元素打造的"成都医学院阅读文化节"活动品牌，将育人思想融入阅读空间和阅读文化载体建设中，坚守阅读服务的初心，践行高校图书馆服务育人的使命。

把握四条主线。学校在阅读推广中把握"多元文化、空间创建、服务育人、面向社会"四条主线，提高阅读推广工作实效。图书馆紧扣时代脉搏，融合"红色文化、医学文化、传统文化、美育文化"等多元文化，打造"阅读文化节"品牌；持续打造、完善、优化、创新读者阅读空间，用图书馆标识、文创产品等丰富阅读文化载体；坚守阅读服务初心，从教学培训、阅读活动、各类竞赛、团队提升等方面履行高校图书馆服务育人使命；彰显社会服务担当，增添区域文化活力。图书馆注重区域文化与本馆特色文化的融合与发展，汇聚文韵书香，助力区域全民阅读活动，让阅读成为城市的美丽风景线。通过社会服务，向公众展示图书馆丰富的馆藏资源和文化资源，鼓励和培育读者的阅读兴趣，用阅读风尚增添区域公共文化的活力。

（九）针对零借阅率图书的对策探索

高校图书馆馆藏图书资源是图书馆工作的物质基础，充分利用馆藏图书既是图书馆工作的起点，也是其重要的工作目的之一。高校图书馆的主要职能并非收藏和保存图书，而是使馆藏图书能被读者充分利用，实现藏有所用的目标。因此，图书馆需要关注零借阅率图书，即在一定时期内（通常为一年或一年以上的时间）从未被读者借阅过的图书。零借阅率图书所占比例高低，是评价高校图书馆馆藏合理性与服务水平的重要参考性指标，通过零借阅率相关图书数据可以科学地分析图书馆馆藏图书的利用情况，从而为优化馆藏结构和提高图书馆整体服务水平提供重要依据。这对解决图书馆馆藏图书利用、阅读推广等实际问题和提升图书馆的服务水平、服务质量也有着重要的意义。当前，馆藏图书出现零借阅现象是各大高校图书馆都不可避免的现实问题，如何降低图书馆的零借阅率也是业界需要持续关注的问题。

成都医学院图书馆的馆藏以生物医学为主，并形成了集心理学、管理学等多学科的综合体系。图书馆借阅后台系统数据反映，作为主干学科的医药卫生类图书虽然入藏数量巨大，然而利用率却远远低于如语言、文学等非主干学科种类。而按照流通规律，新入藏图书在三年后的零借阅率下降幅度甚微，随着每一年度的新书入藏，年代靠前的图书被借阅的机率逐渐减少。这就造成馆内过去的一部分入藏图书会持续处于零借阅状态，最终成为无人问津的"死书"。为尽量降低零借阅率的图书数量，图书馆会定期统计零借阅率的图书数据，进行综合因素分析后，探索并制定针对零借阅率图书的阅读推广对策，促使图书馆馆藏图书资源利用率持续提高。

1. 零借阅图书产生的主要因素

一是受图书采购环节因素的影响。近年来，学校处于持续发展阶段，图书馆馆藏容量持续增大。海量的图书采购虽然在数量上极大地丰富了成都医学院图书馆馆藏图书的数量与种类，但是大批量采购不可避免地导致入藏图书在数量、种类的配比与合理性上存在不平衡等现象。目前图书出版种类繁多，这也给采购人员的筛选造成了一定的困难。同时，有些图书在采购时存在出版时间长、文献陈旧过时等情况，失去了作为知识情报的价值。而且在特价图书的采购过程中，也难免会出现一些实用性不高且滞销多年的图书。图书馆为保障每年馆藏的图书增长量，都会进行大规模多学科的采购，也会采购到不符合本校实际需求的图书，这些图书并不是文学、历史等学生借阅率较高的种类，而且非主干专业学科的图书采购量很少，导致学生的选择也少，故无人借阅，多数学生对以下方向的图书不感兴趣，比如，在图书馆馆藏图书中，零借阅率较高的如法律公诉、国外仲裁案例、外交政策等领域的图书，还有幼儿及少年教育、家长教育丛书、核辐射、农药、矿产资源等种类的图书。也有很多具有时效性的习题册和考试指导性图书，一旦错过当年最佳借阅期，对图书馆来说其后续使用价值便会大打折扣，零借阅风险就会增加。

二是受学校馆藏结构限制的影响。一般情况下，高校图书馆的馆藏结构中本校主干专业学科的图书占很大的比例，而其他种类的图书则相对较少，这就导致多数读者的选择面较窄，某些种类图书的零借阅率较高。例如成都医学院图书馆的馆藏选择就受到生物医学类专业结构制约。另外，大学生读者的普遍阅读倾向也会影响馆藏结构。为了满足读者的需求，图书馆在馆藏结构中也会对文学类、艺术类、历史类的图书有所倾斜。这就造成了除主干专业学科和文学类、艺术类、历史类等图书外，其他学科图书的零借阅率风险很大。可以看出，受馆藏结构的延续性与稳定性的影响，某些偏冷门的馆藏图书的零利用率会持续增高。

三是受图书流通过程因素的影响。图书在进入流通环节后其最大的价值就是被读者利用，然而很多零借阅图书与流通环节出现的一些问题也紧密相关，图书在流通推广过程中往往会因某些人为因素而导致零借阅图书事件的发生。例如，高校读者大多对图书分类不熟悉，因此在图书流通过程中如果出现图书信息不完整、不准确、标识不清楚等误导读者的情况，将会直接影响读者的正常借阅，导致部分图书无人借阅；这也需要定期检查是否有大量入库图书滞留尚未进入流通环节，新入藏书摆放位置是否有利于读者的关注和借阅，个别种类的图书乱上架的情况是否已影响正常图书流通等；当然，在多数高校采用开架借阅的情况下，也易出现图书错架、乱架、失窃、损坏等人为因素，如学生读者因想长期在图书馆阅读某图书，又不想该书被其他读者借走，便出现了藏书现象，若工作人员没有及时发现并制止这类情况，就会导致部分图书借不出也找不到，最终销声匿迹。新入藏图书进入流通后，本身借阅率就较低的种类及个别经典名著或时效性较强的图书，如果推广力度不够或者不能提高读者的兴趣度，很容易造成读者错过这批书籍。

四是受读者阅读行为改变因素的影响。随着网络信息技术的高速发展，电子图书逐渐普及，无纸化阅读已经成为多数学生的阅读倾向。电子阅读在时间、空间、经济上的优势在现代大学生的学习生活中展现得淋漓尽致。虽然校园读者可以在图书馆免费借阅图书，但是由于馆藏和购置经费等，馆藏的可借阅复本量较有限，一些热门书籍不能满足多数读者的实时需求。另外，有的书籍在携带、空间占位等方面颇受限制，导致读者不能随时随地阅读。而图书馆购买的大量电子资源及移动图书馆的使用与推广，让更多的读者可以随时把图书馆带在身边，可满足他们的阅读需求，这也导致很多读者进入图书馆借阅的频率大幅度减少。还有很多学者在完成科研任务时也基本依靠电子数据库、电子图书，对纸本文献的依赖性大幅度降低。这些读者阅读环境因素的影响使得部分纸质图书的借阅率较低，导致图书零借阅率逐渐上升。

五是受高校自身借阅环境因素的影响。不同的高校图书借阅情况千差万别，除了最主要的主干学科分布外，高校本身的借阅环境，即校园环境文化及图书馆自身的硬件环境与服务也是很重要的影响因素。对于一所综合性大学来说，各学科分布比较均匀，读者的多种类需求较高，而且由于学校人数众多也能增加图书被借阅的概率。对于如成都医学院这类专科类高校来说，受主干专业的局限及学生人数的限制，馆藏图书的结构会不可避免地倾向于主干学科而兼顾其他学科。有些高校学生人数较少且学科学习任务繁重，学生较少有时间开展课外阅读，所以图书本身的借阅概率会大大减少。当然，高校图书馆自身的规模、场地、设施、服务水平等也会不同程度地影响读者进出图书馆的次数及借阅意愿。

2. 降低图书零借阅率的对策

通过对图书零借阅率的原因进行分析，可以从中得到降低图书零借阅率的启示，并有针对性地提出应对策略，帮助图书馆更好地进行零借阅率图书阅读推广，并进行馆藏优化，提高图书馆的整体利用率。

一是重视采购环节、优化馆藏结构。在图书采购的过程中，以满足学校自身长远发展为基础，打造满足主干专业学科教学的科研需要、拓展读者知识面与精神世界的图书馆馆藏结构。在图书采访环节中了解和分析不同读者的具体要求，优化读者荐书工作，使其常态化、系统化。充分借鉴同类院校和各大型图书馆的推荐书目，并了解师生对意愿阅读图书的需求等，广纳意见，力所能及保障高校读者的需求与读书质量。根据高校图书馆的整体借阅水平对借阅率较低的图书进行认真筛选，对学校来说，较冷门且读者需求极低的学科图书少量购置，图书馆相关工作人员在采购过程中，关于一些零借阅率较高的图书种类尽量选择易读易懂、吸引读者的品类，以保障各种类图书均有较高的使用率。另外，可以充分利用电子图书，使电子文献与纸质文献相辅相成，优势互补。对一些外文、偏冷门、利用率极低的图书可尽量购置电子资源，这样既可以节省资金，也可以避免重复投资，合理利用有限的经费采购更多高质量和高利用率的图书。通过对采购环节的严格把控，从而制订长期和短期的富有本馆特色的采购计划，平衡图书馆的馆藏结构与读者需求，保障图书馆馆藏建设的连续性和合理性。

高校图书馆应严格控制采访工作各个环节的质量。深入调查读者需求引入读者荐书模式、读者馆员协同现采模式，并甄别复杂多变的图书出版市场，最大限度地采购符合读者需求的图书；把握学校专业学科建设，合理规划馆藏学科图书布局，深入调研，掌握教师和学生读者的专业阅读需要，做到有的放矢地进行馆藏资源的采购，既保障馆藏图书的质量，又让有限的经费发挥最大价值。通过分析图书馆的零借阅率图书相关数据，采购人员可以进行馆藏结构合理性、读者借阅倾向等方面的相关研究，为合理发展馆藏、改进工作提供有益借鉴。采购人员及图书馆相关人员可以对图书的出版社进行分类研究，归纳符合本馆读者需求的出版社资料。在日常的图书采购过程中，重点围绕这些出版社选择图书，通过保障采购源头的质量降低后期图书馆零借阅率的情况。

二是规范新书推广业务流程、开展零借阅图书馆阅读推广活动。图书要发挥其作用的前提条件是读者要知道有哪些书，因此，对馆藏图书馆的阅读推广就尤为重要，特别是对新书的及时推广。图书馆应加强流通图书的日常管理，规范摆放、及时整理上架图书等；流通中发现存在的问题应及时向相关部门反馈与沟通，尽快找到解决方法。在业务流程上应更多考虑如何提高图书的利用率，让业务流程形成规范体系。高校图书馆可以依托现有的设备、资源、场地，用各种创新的方式开展图书推广活动。比如图书馆登录界面及门户网站上应实时更新书目，在图书馆官方微信、微博等新媒体平台上进行新书推送，入馆大厅处设置新书推荐书架，公布读者荐书采购情况等。图书馆也可通过开展征文比赛、阅读分享、名著导读等活动，激发学生利用馆藏图书的需求，提高学生的综合素养。高校图书馆还可根据学生的具体情况和需求，定期举办培训、讲座，向学生介绍图书馆的馆藏资源，提高学生的阅读质量和阅读效率。只有通过图书推广与读者反馈的相互作用，馆藏图书才能被更多高校读者知晓。

针对以往的高校图书馆零借阅率图书，图书馆可以定期举办专题阅读推广活动，科学选择一些使用价值较高、适合推荐的零借阅图书，做好导读推广方面的工作。利用图书馆的宣传栏和电子屏幕等在图书馆显眼的位置发布这些被尘封的图书信息，并设立零借阅图书馆专题推荐书架，引导读者主动发现这些图书的阅读价值。图书馆也要利用新媒体的优势向读者定期推荐其可能感兴趣的零借阅图书。高校图书馆也可借鉴国外图书馆的服务经验，在服务好本校读者的基础上，尽可能向社会读者和社区读者开放，开拓当地社区的潜在读者，让零借阅率图书为更多读者所用。

三是做好读者服务、智慧应对变革。为应对电子图书对纸质图书的挑战，图书馆在新时期的新形势下应充分挖掘留住读者的切入点，利用各种手段展示纸质图书的优点和特点，发掘纸质图书的独特性，带动读者阅读的积极性。在为读者服务的各板块充分考虑人性化等方面的因素，培育读者对图书馆的归属感。除做好基础的馆藏查询、信息推送等服务外，图书的摆放与阅览区的布置也应考虑最大限度地方便读者借阅图书。高校图书馆也应积极开展一些与读者互动性较多的具有趣味性的活动，比如读者借阅排行榜、书评展示、读书留言、阅读打卡等活动，提高读者的借阅热情，从而减少高校图书馆图书的零借阅率。图书馆的空间布置与建设应考虑阅读环境的舒适感，适当增加水吧、交流区和视听化阅读区等，有利于吸引更多的读者进入图书馆。只有将读者服务深入人心，满足多数读者的阅读需求，提供更加人性化和个性化的服务，才能让读者将图书馆作为他们学习、思考、提升的首选场地。

四是提高图书馆馆员素养，创新工作局面。图书馆馆员作为读者需求与馆藏资源的中介、纽带和桥梁，对馆藏图书利用率的影响不容忽视。同时，图书馆馆员的工作水平和服务质量很大程度上取决于图书馆馆员队伍的整体素质。因此，高校图书馆需要加强对图书馆人力资源的管理，定期对图书馆馆员进行培训，提高图书馆馆员的服务能力，只有这样，才能使图书馆的总体服务水平处于持续上升状态。针对富有挑战的借阅环境，图书馆馆员需要充分挖掘纸质图书的独特魅力和特点，找到纸质图书与电子图书的契合点，使二者相辅相成。图书馆馆员应持续进行问题查找与工作创新，提高图书馆在高校内部甚至区域内的影响力，让图书馆能顺应时代发展，在高速发展的信息社会中凸显其不可替代的价值。

五是宣传阅读文化、建设书香校园。在校园文化建设中应融入阅读理念，鼓励学生广泛涉猎知识，培养大学生的综合人文素养，营造有利于读者阅读的大环境。图书馆应充分利用新媒介积极宣传馆藏资源，如微博、微信等及时推送新书动态、高质量学术著作、专业参考书籍、优秀文学作品等；利用平台的便利性开展评书、荐书和分享活动，开展掌上互动活动，通过交流既推广了不同学科的馆藏图书，又能让更多的读者参与阅读；定期开展大型的读书节活动，定期展示针对某一领域提升学习的读书计划，培养学生专业课之外的各类兴趣。通过这些活动，可以提升图书馆在读者当中的影响力，从而鼓励更多读者利用图书馆馆藏图书的概率，从而提高图书馆馆藏图书的利用率。

总之，零借阅率图书能够直观地反映馆藏资源的利用和推广情况，在一定程度上是图书馆的价值体现。高校图书馆零借阅率图书的研究一直被积极推进，虽然各高校自身的特点决定了造成零借阅率图书的原因不尽相同，但都存在一些共性，这不仅和信息时代电子资源对纸质图书的冲击密切相关，也和高校图书馆采编工作、图书流通环节、阅读推广等因素密切有关。高校图书馆需要通过图书零借阅率数据背后反映的本质，动态、持续地对零借阅图书成因进行分析，找出其关键环节，有针对性地、持续地进行改进，不断创新降低零借阅率的方式。同时在实际工作中图书馆应敢于应对新变化、新挑战，发掘更行之有效的方式推进馆藏图书的利用率，激发读者借阅馆藏图书的兴趣，持续降低图书的零借阅率，使馆藏图书真正物尽其用，推动图书馆图书资源价值的不断提升。

第二节 国外高校阅读服务典型案例

阅读是人类共同的事业，而高校图书馆作为知识保存与传播的重要机构，是师生阅读和文化交流的重要场所，也是高校推广阅读文化的主要阵地，其文化性、专业性、权威性逐渐成为全世界高校的共识。因此，学习国外高校阅读文化实践案例，吸取国外高校建设推广阅读文化的成功经验，可以为我国高校图书馆提供有益启示。

美国高校图书馆的"共同阅读计划"。"共同阅读计划"是美国高校为在校学生开展的普及式阅读活动，该项目最初起源于读者俱乐部和读书社区，也深受美国"一城一书"活动的影响。"共同阅读计划"倡导通过"共同阅读"的方式，促进大学生完善自我综合素质、树立批判思维意识。"共同阅读计划"由各高校图书馆为本校学生读者指定阅读书籍，这些指定的书籍一般是学校价值观的重要体现，有极强的代表意义。在学生阅读书籍后，学校也会组织开展与书籍相关的阅读交流及论文写作等活动。当然，由于每所高校的办学理念不同，美国各高校对"共同阅读计划"目标的描述也有所不同。该计划自提出之后，众多高校先后参与，在美国获得了很多成功经验。

美国哈佛大学的阅读服务。该校图书馆是美国最古老的图书馆，也是世界上藏书最多、规模最大的高校图书馆，拥有馆藏图书超过1500万册，位于不同地区及其他国家的分馆有90多个，且多数分馆都面向公众开放。哈佛大学图书馆在2002年就启动了基于专题式数字化馆藏理念的开放馆藏计划（Open Collections Program，简称OCP），将图书馆馆藏向更大范围的公众开放，为读者提供数字化阅读等新体验。哈佛大学图书馆为提供更加便捷的图书借阅服务，在2011年开通了"借阅直通"服务，使全校教师、员工、学生可以从布朗大学、哥伦比亚大学、康奈尔大学、达特默斯大学、宾夕法尼亚州大学、耶鲁大学等大学的图书馆借阅在哈佛大学图书馆借不到的流通文献。哈佛大学图书馆也非常重视残疾人的阅读服务工作，其中有32个分馆对残疾读者提供服务，并且充分考虑该群体的特殊性，为这些读者配备了残疾人专用设备，如电脑、残疾人座椅、专用听力设备等，最大限度地保障残疾读者充分平等地利用该校图书馆资源。

美国东伊利诺伊大学图书馆的特殊群体阅读服务。美国东伊利诺伊大学图书馆在开展特殊群体大学生阅读服务实践上具有代表性，该图书馆积极参与了学校的"自闭症学生过渡教育项目"（简称STEP项目）。美国东伊利诺伊大学自2017年开始实施STEP项目后，分别在学术、社交、日常生活技能三个领域为本校患有自闭症的大学生群体提供服务与支持，让这些特殊学生能享有更多的权益。而图书馆作为学校的教育服务机构，担负着保障所有学生阅读、获取信息的权利及引导教育的责任。为此，东伊利诺伊大学图书馆参与了STEP项目后，针对自闭症大学生群体推出了多项特殊服务，包括谈话式需求调研、自习室空间重塑、饮食规定调整及交流馆员团队建立等，积极提升对自闭症大学生群体的包容度，同时也推动图书馆环境与服务层面做出改进与创新。图书馆参与特殊群体服务是图书馆承担社会责任的表现，也体现了对弱势群体的人文关怀理念。

英国格拉斯哥大学图书馆的数字化阅读推广。英国格拉斯哥大学是全球最为古老的十所大学之一，也是实力雄厚的综合性大学，在欧洲乃至全球都享有极高的声誉。格拉斯哥大学图书馆也是欧洲历史最悠久的大学图书馆之一，是全英名列前茅的综合性图书馆和大学图书馆。格拉斯哥大学图书馆积极探索在数字环境下开展阅读推广服务，采用大量的网络社交媒介、信息化手段开展资源与服务营销。该图书馆是英国最早运用网络社交媒介的大学图书馆之一，目前已形成多种社交媒介并行推送的服务模式。图书馆充分利用Facebook、Twitter、YouTube等传播服务资讯。在发布内容上以新闻资讯、服务宣传、新资源信息为主要内容，还涉及与学生学习和生活息息相关的学校、校外合作、百科知识甚至城市生活资讯。该图书馆联合第三方软件公司合作开展阅读活动软件项目，将阅读推广服务游戏化，赋予阅读推广活动更多的趣味性和挑战性。该图书馆还开发了集阅读互动、知识性、趣味性为一体的"24小时无墙化"阅读推广服务平台，提高了用户全方位的体验和感知。

新加坡南洋理工大学图书馆阅读服务。南洋理工大学是新加坡的公立研究型大学，该大学图书馆向读者提供学科图书馆博客及学科屋等服务，鼓励读者对教学研究资料进行深阅读。学科图书馆博客能为读者提供新书书目推荐、书评、数据库更新及新书咨询等服务，让读者能及时掌握图书资源的最新讯息。学科屋则是一种建立在博客平台上的整合多学科资源的虚拟导航系统。南洋理工大学图书馆还宣传"口袋图书馆"等理念，积极开展移动阅读服务，并借助流行的社交软件提高阅读服务的宣传力度。图书馆还建立了学习共享空间、配备录音室、影视墙、学习舱及培训室等空间，为读者提供了休闲的阅读环境，改善读者阅读体验。

韩国江原大学图书馆的读书认证制度。韩国江原大学是一所综合性大学，其图书馆推出了一项颇具创意的毕业资格读书认证制度，该制度规定大学生在大学期间必须完成规定的图书阅读数量，并参加阅读活动达到规定的积分后，才能顺利毕业。江原大学通过制度的方式进行阅读推广，极大地提高了大学生对阅读的参与度和重视度。江原大学成立读书认证运营委员会，制定了《毕业资格认证再实施管理条例》《读书认证运营规定》《读书部分使用指南》等。这些规定在具体实施过程中，由图书馆主导部署，主要包括每年的读书认证书目推荐、图书等级数量分类、更新图书信息、举办阅读指导活动等。这项制度的长期施行，让阅读逐渐成为江原大学重要的教学工作，让一线教师及广大学生都能参与其中。

第三节 推动高校阅读文化实践的建议

高校阅读文化意蕴广博，在未来发展中必然会呈更多维的样态，并伴随着数字时代发展日益多元化而迸发出无限生机。高校是为党育人、为国育才的主阵地，以立德树人为根本任务，以教育服务为主要职能。面对数字阅读环境兴起而催生的校园阅读文化多元新态势，高校需要根据自身条件有效设计阅读文化实践路径，积极转变高校阅读文化建设理念，健全高校阅读文化机制体制，完善校园数字化平台建设，营造提升大学生人文素养的文化氛围，促进区域阅读文化协调发展等方面进行探索和尝试。让阅读成为一种文化，成为校园读者的一种行为习惯和精神追求，从而形成全民热爱阅读、享受阅读的社会风尚。

一、转变高校阅读文化建设发展理念

以新的发展理念引领高校阅读文化建设。发展理念是旗帜，是行动的先导，对于高校阅读文化建设具有重大意义。目前世界多极化、经济全球化、社会信息化、文化多样化的发展态势，加剧了各种思想文化的交流交融。高校在阅读文化建设过程中，面临阅读文化机制体制建设薄弱，阅读生态引领欠缺，数字化平台建设单一，主流舆论体系有待完善，精品力作数量有限，深阅读慢阅读亟待推广，阅读文化品牌创建乏力，阅读文化影响力较学校发展滞后等一系列新情况和新问题。随着国家对文化大发展大繁荣、建设社会主义文化强国的深入推进，高校阅读文化正在发生广泛而深刻的变革。高校阅读文化建设要在新一轮科技革命和产业变革的大环境中谋求新的发展，必须转变建设发展理念，正视问题，把创新、协调、绿色、融合、共享作为发展理念，并将其内化为校园阅读文化建设的新思路，引领阅读文化的新发展。

创新阅读文化实施路径。采用"一联动二升级三结合"的方式：一是学校与社区联动式合作，加强区域阅读文化协同创新；二是升级阅览空间，升级数字化网络建设平台，建设智慧图书馆和校园公共文化云；三是将线上与线下相结合，将引导和体验相结合，将主题活动与人才培养相结合。阅读文化创新是全民阅读创新的思想文化条件，是推动阅读文化改革发展的源动力。当前高校阅读文化建设必须研究落实思想政治工作贯穿教育教学的全过程，坚持"立德树人"的新要求，在增进高等教育内涵式发展的过程中，加强高校阅读文化理念创新、制度创新、宣传方式创新；不断适应读者的阅读方式和行为习惯的新变化和新需求，不断创造阅读文化新供给，拓展阅读文化发展和传播的空间；让创新意识、创新思维始终贯穿在阅读文化的工作之中，在阅读文化建设的过程中深入推进社会主义核心价值观建设，激发高校阅读文化发展动力，释放阅读文化创造活力。

协调阅读文化整合功能。这里的阅读文化整合主要包括对阅读观念、阅读心态、阅读行为、阅读技巧、阅读层次、阅读环境等方面的整合。阅读文化整合是其自身不断趋向完善的过程，主要包含内涵的融合与提升、过程的嬗变与恒定、结果的固化与模式。高校阅读文化为适应学校和社会的发展，要不断抛弃已经失去价值的文化因素，同时又要不断吸纳有价值的新文化或异质文化因素,优化原生文化,丰富阅读文化内涵。阅读文化整合过程是一个动态的过程,是维持各要素均衡的过程,也是综合化的过程。阅读文化整合的结果是文化的整体化,建立一种理想的阅读文化模式。

通过对高校阅读文化的整合,充分发挥其约束功能,对大学生的阅读理念、阅读价值观及阅读行为习惯等进行指导和干预,利用多种途径和方式让大学生获取、转化、理解、改造信息,并内化为一种自觉行动,帮助大学生有效选择阅读方向,建构具有高校阅读文化建设内涵的知识观、学习观、教学观及价值取向,从而达到培养大学生阅读兴趣,选择更优的阅读形式,陶冶大学生的道德情操,提高大学生的文化涵养,形成积极向上的阅读心态的目的。

促进阅读文化生态发展。这里借用一般系统论的思想和方法,对阅读文化各要素的整体性、关联性、层次性、动态性进行分析,使阅读文化系统最优化,从而达到阅读文化的生态发展。阅读文化中阅读主体(读者)在一定的环境下通过媒介与阅读客体(读物)之间的相互作用、相互关联。从一般系统论的视角来看,就是阅读主体系统和阅读客体系统因一系列的系统活动而产生相关的信息交流。在信息交流的过程中,各系统要素之间要相互作用、相互依存,形成一个有机整体即阅读文化系统。阅读文化系统的整体功能是各要素之间相互匹配、优化、组合产生的。为持续有效地发挥高校阅读文化的整体功能,高校阅读文化建设要优化系统要素结构,根据读者阅读层次和阅读水平确定阅读目标、拟订阅读计划、制定阅读方案,通过适时的阅读媒介选择合适的能够激发读者阅读兴趣的读物,使阅读主客体在一定的阅览环境下最大限度地形成契合,也使系统要素之间达到最优组合,促进阅读文化更高质量、更有效率、更加公平、更可持续的生态发展。

融合阅读文化多元格局。阅读作为一种文化样态,总是在一定的社会政治、经济、科学技术发展的环境下形成有关阅读知识、阅读价值观和阅读行为的不同思想体系。阅读文化既是阅读主体复杂的精神和心理活动的反应,又是涉及社会、自然等多种因素的社会现象。阅读文化多元化实质上就是阅读主体价值观、思维方式的多元化。阅读观念、阅读习惯、阅读兴趣等因生活区域、地理环境、风俗习惯等的不同而存在差异。具有不同性质、特点和背景的价值观、思维方式和行为模式的高校大学生处在同一个校园中,多元阅读文化会出现交流、冲突和融合。那么,高校阅读文化建设就要正视其多元化的存在,并以积极的态度接受它,推动彼此之间交流和融合。若能允许多元价值观和思维方式共存,则阅读文化的多样性就会越丰富,阅读文化的生命力就会越强。通过交流和融合就能激发阅读主体的灵感和创造性,创造绚烂多彩的高校阅读文化。

共享阅读文化建设成果。这里的共享高校阅读文化是在现代信息技术和数字化建设平台支持下，依托学校图书馆、校史馆、文化墙等校园文化基础设施，围绕学校发展战略目标和立德树人的根本任务，对中华传统文化、校园优秀文化等进行数字化加工整合，通过校园网、移动通信等多种传输渠道，实现高校阅读文化在全校范围内的共建和共享。阅读文化成果共享主要包括数字资源、阅读文化设施、阅读文化作品、阅读文化服务及阅读文化观念共享。

数字资源共享。要实现高校读者平等享有阅读文化的权利，保障全校读者的利益，就要加强数字资源的共建共享。丰富校园数字文化资源，建构校园公共文化云等平台互联互通体系，加强建设智慧图书馆，使校园文化数字服务更加便捷、应用场景更加丰富，让校园读者可以通过多种途径获取有用的文化信息资源。

阅读文化设施共享。高校阅读文化设施主要是指与学校相关的建筑和设施，主要包括图书馆、校史馆、文化广场、广播宣传站、大学生活动中心、专题展览馆等。它既属于物质文化，又是一种显性的校园文化。它往往利用设计和布局，将实用性、艺术性和教育性等融为一体，让大学生受到感染和熏陶，得到启迪，从而发挥其育人作用。

阅读文化作品共享。这里的阅读文化作品主要包括校园读者进行文化创作通过物质载体呈现出来的文艺作品、文化活动等。高校应充分发挥学校宣传部、大学社团等在繁荣大学生文艺工作过程中的重要作用，坚持以社会主义核心价值观为引领，引导和鼓励大学生进行文化艺术作品创作，展现校园生活，表达学子心声；推动、引导、开展以阅读为核心的综合性文化活动，以世界读书日、图书馆服务宣传周、全民读书月及重大节庆活动等为契机，引领阅读党史、新中国史、改革开放史、社会主义发展史及中华传统文化等重点出版物的内容，深入开展系列阅读推广活动；在校园内加大树立"大阅读""悦读"等理念，创新活动方式，打造校园阅读品牌。

阅读文化服务共享。提高校园阅读文化服务供给能力。高校应做好图书馆、校史馆、专题展览馆、大学生活动中心等场地延时、错时和流动服务，同时完善开放信息、监督评价、信息反馈等机制，确保高水平、高质量开展阅读文化服务；根据学校发展总体目标和校园读者的需求，提供特色化、多元化、个性化的阅读文化服务，坚持把立德树人放在首位，做好阅读文化服务宣传推广，提高阅读文化的普及率、参与率和满意度。

阅读文化观念共享。高校阅读文化观念主要包括关于校园阅读文化及其发展中的基本观点与总体看法。高校阅读文化观念是在高校校园这个特定的环境中形成的相对一致的文化观念。高校应通过高校阅读文化观念的共享，让不同年级、不同层次的大学生充分吸收有利于自己发展的校园阅读文化成果，不断加强自身综合素质培育，实现精神境界、精神追求上的共同提升和发展。

二、健全高校阅读文化建设体制机制

高校阅读文化建设要围绕教育教学改革这个中心，服务校园读者，以发展为主题，以创新体制机制为重点，以增强活力、提高竞争力、繁荣和发展高校阅读文化、满足大学生的精神文化需求为目的，充分调动校园阅读文化工作者积极性，巩固发展阅读文化宣传阵地，健全和完善阅读文化建设的管理体制和运行机制，为推动高校阅读文化事业发展创造条件。

高校阅读文化建设要按照学校总体发展要求，积极探索建立新形势下保障学校党委领导、运行有序、配置优化、促进发展的宏观管理体制；建立保证正确导向、体现校园阅读文化特点的微观运行机制，构建吸收中外优秀文化和先进技术的校园阅览环境。

健全文化管理体制。高校应加强和改善党对阅读文化工作的领导，理顺学校行政职能部门与阅读文化建设主体单位的关系，实行由校党委领导、职能部门管理、建设主体单位依法依规实施的体制，探索高校在迈向高质量发展阶段的关键时期，党对高校阅读文化领导的方式和办法。行政职能部门不仅要进一步转变观念、统筹布局、宏观管理，强化政策支持、组织协调、后勤保障和公共服务等行政职能，还要在高校阅读文化的共享与传承中，发挥好主导作用，做好引路者。在高校阅读文化建设过程中，一方面要发挥其协调作用，整合各方资源，优化配置，推动阅读文化在信息网络平台中实现最大化的共享；另一方面要加强监督和引导，对建设过程中衍生出的众多新兴事物，逐步规范运行机制，维护正常的阅读秩序。

健全微观运行机制。高校阅读文化建设过程中要建立科学高效的决策管理机制，面向校园读者推动制度创新，培育校园阅读文化主体，增强其获取信息、选择信息、分析信息的能力。加强成本核算，实行资产经营责任制或资产授权经营，降低消耗、增强活力、优化服务。完善投入方式，采用直接投资与间接投资相结合、日常拨款与专项资助相结合的方式增加对校园阅读文化基础设施的投入。培育和扶持具有校园阅读文化特色和品牌效应的项目研究，增强导向作用。

健全资源优化配置机制。高校阅读文化资源优化配置是对现有的文化资源、文化设施、信息技术、政策环境及运作能力等资源进行合理的分配和安排，调整文化资源的分布和流向，以尽可能小的文化资源投入，产生尽可能多的文化产品和服务，达到文化价值最大化的目的，最大限度地满足大学生的阅读需求。

高校阅读文化资源配置的优化，需要相关行政职能部门的协调组织、制度约束及统筹分配，通过直接或间接服务的形式，顺应、引导并优化文化资源的流向，打造文化品牌、综合调配学校资本与资源，确保阅读文化创新机制落到实处、阅读文化发展成果为所有读者共享。

健全对外文化交流机制。高校应围绕对外文化交流，打破行业界限和区域界限，联合社区、宣传、文化、旅游等机构和部门，建立对外文化交流联席会议制度，研究讨论文化交流相关事项，形成以高校为主导、多部门负责、社会参与的工作格局。同时积极实施"走出去"战略，制定有关政策，完善激励机制，培育和打造有较强创新能力和校园特色的文化品牌，积极参与对外交流和合作，不断拓展文化交流的领域，为提升校园整体形象发挥重要作用。

三、建立高校阅读文化数字化基础设施和服务平台

高校阅读文化数字化建设主要包括阅读文化资源、阅读文化服务、阅读文化管理的数字化，即把各种数字技术与设备融入高校阅读文化资源生产、服务、管理的全过程，确保大学生能够更加高效、公平地享受阅读文化产品和服务，推进高校阅读文化服务的便利化、管理的标准化、权益的均等化。

建立并完善中华文化数据库。按照阅读文化资源科学分类和标识，利用高校现有的阅读文化领域数字化工程和数据库所形成的成果，收集具有历史传承价值的中华民族文化、优秀传统文化等数据资源。按照信息与文献相关国际标准，梳理并建立关于思想理论、旅游地理、文物文博、网络文化等不同领域的多种形态文化资源数据。同时创建红色文化专题数据库，汇集红色文化、社会主义先进文化等数据，提取与高校校园文化精神相关的元素、符号和标识，完善红色文化基因的当代表达，形成中华文化数据库。依托与中华文化数据库关联服务引擎和应用软件，加强大学生人文素质教育，增强大学生对中华文化、中国共产党、中国特色社会主义的认同，进一步实现以文化人、以文育人。

筑牢阅读文化数字化基础设施。这里基础设施主要是为高校阅读文化数字化应用提供技术、设备和物理环境支持，主要包括校园网络、数据中心、信息

化教学环境、信息化育人环境、虚拟空间环境等。高校要构建包含无线网络、有线网络、校园物联网和校园 5G 网等多种形式的校园融合网络，为校园阅读文化提供随时随地的接入，支撑阅读文化资源、服务、管理等信息流转。依托安全、稳定、高效的网络、计算（服务器）系统、存储系统等数据中心，为阅读文化的数字化应用提供良好的支撑环境。高校要探索建设人技结合的包括智能图书馆、智能博物馆、智能展览馆、智能校史馆等在内的新型育人环境，提供多种工具和功能支持阅读文化者的交流互动。

搭建阅读文化数据服务平台。高校应以数智化"基础平台+"建设为核心，利用学校自主学习网络平台，依托相关文化专网，搭建包括云计算平台、大数据平台和人工智能平台在内的高校阅读文化数据服务平台。高校还应汇聚学校有关阅读文化各种数据和资源，集成同阅读文化适配的各类应用工具和软件，提供阅读文化资源数据和其数字内容的标识解析、搜索查询等服务，实现跨层级、跨系统的数据流通和协同治理。同时支持集群管理功能和基于时间的服务资源动态调整功能，为文化数字内容提供多网多终端分发服务，为文化数字化应用提供支撑。

促进阅读文化数字化转型升级。高校要利用文化数据服务平台，探索阅读文化数字化转型升级的有效途径，加强阅读文化的内容建设，推动技术创新和应用，激发数据资源要素的潜力，培育和打造云展览项目。

加强阅读文化内容建设。培育和创建具有鲜明中国文化特色的原创 IP，加强 IP 的开发和转化。高校要倡导运用动漫游戏、网络文学、网络音乐、网络视频、数字艺术等产业形态，对优秀文化资源进行数字化转化和开发，深刻把握数字文化的内容属性，打造满足大学生个性化、多样化阅读文化需求的数字文化品牌，彰显社会主义先进文化等在培育大学生人文素质方面的创意提升和价值挖掘等作用。以优质的数字阅读文化产品引领大学生的文化消费，增强大学生的民族自豪感和文化自信心。

推动技术创新和应用。围绕阅读文化数字化技术创新的需求，高校要建立产、学、研、用协同合作的技术创新联盟，推动与地方文化机构、科研院所之间技术要素流动，建设阅读文化数字化转型共性技术和关键技术的研发应用，推动跨行业、跨部门、跨地域成果转化。借助 5G、大数据、云计算、人工智能、物联网、区块链等实现在阅读文化领域的集成应用和创新，创建阅读文化数字化应用场景。

激发数据资源要素潜力。高校要支持升级信息系统，建设阅读文化数据汇聚平台，建设可信的数据流通环境，构建阅读文化领域数据开发利用场景，推动文化大数据全流程采集、存储、加工、分析和服务等环节,形成完整贯通的数据链。加强对高校阅读文化大数据的分析运用,打造阅读文化数据产品和服务体系,构建阅读文化数据安全责任体系,提高数据规范性和安全性。

打造云展览项目。高校要充分运用人工智能、虚拟现实等数字技术开发馆藏资源,加强与地方文化文物单位、融媒体平台、数字文化企业合作,发展"互联网+展览"新模式,打造阅读文化数字化展示示范项目,开展虚拟讲解、文学艺术普及和交互体验等数字化服务。高校要加大对展品数字化采集、图像呈现、信息共享、按需传播、智慧服务等云展览的开发与研究,积极引导和举办线上阅读文化展,实现云展览、云对接、云服务、云育人,探索线上线下平台化、集成化、场景化增值服务的展览新模式。

拓展阅读文化数字化体验新场景。高校要利用现有阅读文化设施,拓展开发全息呈现、数字孪生、跨时空等新型体验技术,运用数字电视等"大屏"方式,丰富高新视听阅读文化数字内容,大力发展线上线下一体化的阅读文化数字化新体验。

提升对移动终端等"小屏"的供给能力,结合高校立德树人根本任务,定制针对大学生个性化、多样性的阅读文化数字内容,打造"大屏""小屏"跨屏互动、融合发展的阅读文化数字化体验新场景。

四、加强高校阅读文化思想舆论导向

思想舆论导向本质上是一种文化传播实践活动。思想总是包含在一定的文化之中,并受这种文化的制约和要求。高校阅读文化思想舆论导向从本质上讲就是高校通过输出阅读文化相关思想观念和道德规范的舆论信息,对大学生产生符合高校办学和发展要求的有目的、有计划、有组织的影响。

加强党对阅读文化思想舆论工作的领导。高校要加强阅读文化思想舆论工作的领导。首先,要坚持党管意识形态的原则。党对高校阅读文化思想舆论导向工作的领导是做好思想舆论导向工作的根本政治保障。高校党委要始终坚持正确的政治方向和舆论导向,高举先进文化旗帜,提高党对思想舆论导向工作的管理决策能力。高校党委要在阅读文化思想舆论导向中坚持优秀文化价值取向,通过意识形态的作用机制,营造阅读文化思想舆论环境,把优秀文化价值规则和价值目标加以系统化、具体化和日常化,进而转化为阅读文化主体对优秀文化和先进文化的认同和内化,加强对校园主流思想的舆论引导,把握舆论导向的主动权,扩大主流舆论的影响力。其次,要增强党对阅读文化思想舆论的引导能力。高校党委对阅读文化思想舆论的引导力的高低关乎到校园文化建设、文化传承和创新、文化智库构建等能否实现或达到预期的目标。高校要增强对社会阅读大环境的正确分析,增强对校园阅读文化的调查研究能力和正确引导社会舆论的能力,牢牢把握舆论导向。还要及时发现阅读文化建设中出现的冲突或危机,正确引导公共舆论而化解冲突或危机。再次,要构建高校阅读文化思想舆论工作大格局。高校要联系地方政府、宣传和教育部门,分析研判重大问题,统筹协调校内校外、线上线下等各个方面,形成"齐抓共管"的阅读文化思想舆论工作格局。最后,配备高校阅读文化思想舆论工作队伍。高校党委要加强思想政治教育和管理工作队伍的建设,创新人才选拔和培养机制,打造一支政治立场坚定、理论水平高、业务能力强、能打硬仗的高校阅读文化思想舆论工作队伍,加强培养培训力度,提高队伍的政治理论水平、思想道德水平和业务水平。

突出高校阅读文化思想政治教育功能。作为一种文化形态的高校阅读文化要具有思想政治教育功能。在信息泛化的时代背景下,高校需要通过阅读文化建设从思想层面上对大学生进行引导和教育,充分发挥高校阅读文化的价值导向、精神激励、思想教化等思想政治教育功能。

明确高校阅读文化价值导向。高校要引导大学生读名著、读经典,让大学生在阅读中实现与大师的超时空对话,潜移默化地影响其世界观、人生观和价值观。同时,创建让大学生精神成长的阅读文化平台,加强社会主义核心价值观的教育,促进大学生实现思想的自我构建、自我成长,最终实现自我教育,具体可从以下两方面入手。第一,要树立正确思想观念。高校要广泛开展红色文化的思想政治教育活动,引导大学生阅读红色经典文学作品,让其从中体会先辈对困境的无畏、逆境的无惧的英雄气概,学习其爱国主义、集体主义和无私奉献精神,从而坚定理想信念,树立符合社会主义核心价值观的正确思想观念。第二,要树立远大理想。高校肩负着培育德智体美全面发展的中国特色社会主义事业建设者和接班人的重大任务,通过搭建阅读文化推广平台,利用课堂教学和第二课堂阅读活动,筑牢马克思主义在高校意识形态领域的主导地位,帮助大学生正确认识中国特色社会主义的历史必然性,指引大学生把自己的理想追求融入国家和民族的建设之中,树立为中国特色社会主义共同理想和共产主义远大理想而奋斗的崇高信念。

促进高校阅读文化的精神激励作用。要借鉴学习型组织的培育和发展理念,分析高校阅读文化建设对大学生产生的精神激励作用。把高校看作一个学习型组织,通过阅读文化建设,营造校园学习氛围,利用教学和课堂外专题活动等方式调动大学生的学习积极性，激发大学生的内在潜力，培养大学生持续学习的精神，充分发挥大学生的主动性、积极性和创造性，使大学生的个人目标与学校所期望的目标相一致，从而推动大学生的个人成长，实现高校学习型组织的自我再造。把彼得·圣吉提出的"五项修炼"，即自我超越、改善心智模式、建立共同愿景、团队学习和系统思考应用于高校阅读文化建设中，既是高校践行立德树人根本任务的路径创新，也是培育大学生成长成才的实践探索。

第一是自我超越。高校搭建阅读文化平台，组织大学生不断学习，帮助大学生在客观认识和审视自我的基础上，激发自己实现内心的目标和愿望，突破自我极限，实现创造和超越。这里的自我超越对于大学生来说是一种成长激励和发展激励，他们在连续的学习过程中不断提升自我，实现自我价值。

第二是改善心智模式。心智模式是通过个体固有的思维模式和思维方式表现出来的，从而形成思维定势。对于大学生而言，心智模式会成为其探索新世界、新领域、新技术的障碍，阻挠其前进的步伐，减缓其个人成长的速度。在高校推进阅读文化建设就是要帮助大学生通过不断学习认识到其心智模式的缺陷，改善知识系统和结构，摆脱思维定势的束缚，跳出其固有的思维框架，主动探索未知世界，提高其创造能力，把个人理想追求与国家和民族的发展相融合，做时代的奋进者、开拓者，实现个人价值。

第三是建立共同愿景。高校愿景分为个人愿景和共同愿景。共同愿景就是高校绘制的关于学校使命、核心价值和未来理想状态的浓缩的蓝图。它是建立在个人愿景基础之上的，着眼于高校整体发展和建设，为高校未来发展定方向、画轮廓、制图景。由于个人愿景是建立在个人的世界观、人生观和价值观之上的，当个体处于高校这个学习共同体时，与高校共同愿景的理解和认识或多或少存在着视角差异。高校可通过阅读文化建设营造和谐、共生的校园文化，多渠道、多层级传播共同价值观，引导和激励大学生自觉做出符合共同愿景的行动，帮助个人愿景和共同愿景达成一致，进而激发出其内在动力和意愿，推动其实现共同愿景。

第四是团队学习。高校作为学习型组织，通过团队学习可以发挥成员的协同作用，在共同愿景下个人目标最大限度与组织目标保持一致，实现知识共享。高校阅读文化建设旨在打造激发大学生求知欲和学习热情的高校学习氛围，为大学生提供学习交流、经验分享、专题探讨的平台和场所；倡导互动式、研究式、共享式的学习模式，引导大学生拓宽视野，优化知识结构，提高自主学习能力，同时培养大学生的团队精神，增强团队的拼搏力。

第五是系统思考。高校作为学习型组织，在思考问题、处理事务、协调政务等方面都以系统思考为指导思想。对于一件事情或一个问题，都要把它看作一个整体，用全面、发展、可持续的眼光去思考、处理和解决。高校阅读文化建设就是要协助大学生用系统的观点和思维来看待事情，引导大学生从局部看整体，从表象看本质，从眼前看将来，客观、动态、全面地分析问题和解决问题。

充分发挥高校阅读文化的思想教化功能。作为阅读文化建设的主要内容，阅读活动具有系统性。它是阅读主体（读者，这里指大学生）在校园阅读平台和阅读环境下，通过多种渠道和方式与阅读客体（读物）相互关联、相互作用，并形成一个有机整体。高校阅读文化建设一要帮助大学生增强阅读意识。大学生的阅读过程其实就是个体智力信息系统和智力动力系统有机结合的过程，即智力、情感、意志之间相互作用和影响，从而增强阅读主体的阅读意识。二要帮助大学生追求阅读价值。大学生的阅读过程就是获取知识的过程。宏观知识结构、学科知识结构、具体读物知识结构等都能帮助大学生厘清对阅读价值的追求。三要帮助大学生树立阅读方法的系统观念。大学生阅读目标和阅读功能的实现，凝聚了多种阅读方法，也就是多种阅读方法有机结合、相互渗透。随着阅读文化建设的不断发展，阅读方法也在不断变化，大学生思想政治的教育功能也在不断发生变化。四要帮助大学生强化道德认知。高校在阅读文化建设过程中，要有的放矢地将中华传统优秀文化和红色文化中的道德品质和道德行为进行推广和宣传，帮助大学生判别善恶美丑，追求高尚的道德操守和理念，树立正确的道德观和价值观。五要落实好立德树人根本任务。高校要发挥好课堂主渠道作用，创新思政课教学内容和方式，挖掘课程中的思政元素，把社会主义核心价值观融入教育教学全过程。利用阅读文化建设平台，加强对大学生的思想政治教育，传播优秀文化，并营造一种积极健康向上的思想舆论氛围。

发挥高校主流舆论的引领作用。高校要把握正确的政治方向、舆论导向、价值取向。在媒体融合向纵深方向发展的大背景下，高校要不断加强阅读文化内容建设，创新形式、方法和手段，拓展阅读平台渠道，坚持移动优先，提升传播效果，充分发挥其在主流舆论中的导向作用、旗帜作用和引领作用。一是内容引领，高校在阅读文化建设中要加强优质阅读内容和导向引领，针对大学生的成长和学习特点，做好内容定位，推荐适合的优秀出版物。通过举办大学生阅读推广科普阅读专题研讨会、多元主题活动等引领大学生进行深阅读和慢阅读，挖掘优秀图书的阅读价值。二是融合创新，面对媒体网络、传播方式、舆论生态等发生深刻变化，高校要紧跟数字化阅读趋势，加强总体布局，注重整体推进，构建线上线下一体的主流舆论格局，推进校园阅读的多媒体、多平台融合。高校要整合各种媒介资源，使阅读内容、技术应用、平台终端、内部控制等方面共融互通，建立符合高校阅读文化建设的全媒体传播体系。

参考文献

[1] 蔡迎春,金欢. 图书馆阅读推广案例赏析[M]. 北京:国家图书馆出版社,2019.

[2] 陈道谆. 古代阅读观的现代阐释[M]. 北京:中国社会科学出版社,2019.

[3] 陈德弟. 魏晋南北朝私家藏书述论[J]. 图书与情报,2006(1):106-110.

[4] 程焕文. 图书馆的价值与使命[M]. 上海:上海科学技术文献出版社,2014.

[5] 程文艳,张军亮,郑洪兰,等. 国外高校图书馆推广阅读文化的实例及启示[J]. 图书馆建设,2012(5):47-50+54.

[6] 杜长林,陈志宏,张艳清. 传统医德与社会主义核心价值观的培育[J]. 中国医学伦理学,2015,28(5):782-785.

[7] 范凤书. 中国私家藏书史(修订版)[M]. 武汉:武汉大学出版社,2013.

[8] 费毛毛. 美国高校图书馆自闭症大学生服务管窥——基于东伊利诺伊大学图书馆案例的实证分析[J]. 新世纪图书馆,2021(11):82-86.

[9] 顾志兴. 陆树藩与皕宋楼藏书[J]. 津图学刊,2004(2):75-78.

[10] 华小琴,郎杰斌. 文化自信视阈下宋代群体阅读意识、阅读行为与阅读文化探究[J]. 图书馆,2021(9):64-69.

[11] 喇全恒,龚湘. 高校阅读文化在思想政治教育中的作用[J]. 出版广角,2015(9):121-122.

[12] 赖晓静. 美国高校"共同阅读计划"书籍的选择策略分析及启示[J]. 山东图书馆学刊,2015(3):85-88.

[13] 李斌. 数字环境下格拉斯哥大学图书馆阅读推广服务的实践与启示[J]. 图书馆杂志,2017,36(4):97-101.

[14] 李欢. 高校图书馆"红色阅读"推广模式的理论研究与实践探索[J]. 大学图书情报学刊,2021,39(5):25-29.

[15] 李希泌，张椒华. 中国古代藏书与近代图书馆史料（春秋至五四前后）[M]. 北京：中华书局，1982.

[16] 林毅，王哲，陈晓曼."90后"大学生对中国传统文化的认知研究[J]. 高教学刊，2018（17）：63-65.

[17] 刘海涛，刘懿. 基于文化自信的大学图书馆文化生态系统架构[J]. 图书馆学刊，2017，39（3）：9-12.

[18] 刘进. 德国阅读文化对提升我国国民阅读质量的启示[J]. 新世纪图书馆，2021（3）：65-68+80.

[19] 马珺. 浅谈当代医学生人文关怀精神的教育[J]. 医学教育探索，2010，9（6）：823-824.

[20] 马其南.《大医精诚》医德文化的内涵及当代价值[J]. 辽宁中医药大学学报，2019，21（11）：23-25.

[21] 明均仁，陈晓禹，杨艳妮，等. 我国真人图书馆建设现状调查与研究[J]. 图书馆工作与研究，2021（5）：16-22.

[22] 任继愈. 中国藏书楼（一、二、三）[M]. 沈阳：辽宁人民出版社，2001.

[23] 任翔. 中国阅读文化建设探讨[J]. 北京社会科学，2020（10）：4-14.

[24] 陶功美. 图书馆开发文创产品助力阅读推广策略[J]. 新世纪图书馆，2020（12）：42-45.

[25] 田长生. 科学技术发展史[M]. 北京：科学出版社，2016.

[26] 王爱，李明伟. 基于实验方法的高校图书馆零借阅率图书激活路径研究[J]. 大学图书情报学刊，2022，40（2）：126-130.

[27] 王余光，汪琴. 关于阅读文化研究的几个问题[J]. 图书·情报·知识，2004（5）：3-7.

[28] 吴长领. 高校图书馆红色经典阅读推广探讨[J]. 新阅读，2021（10）：56-57.

[29] 吴晞. 图书馆在全民阅读中的重要作用及其阅读推广功能[J]. 图书馆杂志，2016，35（3）：13-14.

[30] 吴晞. 中国图书馆的历史与发展[M]. 北京：朝华出版社，2020.

[31] 吴云珊. 真人图书馆国内研究述评及展望[J]. 图书馆理论与实践，2022（1）：115-120+136.

[32] 熊莉君. 基于供给侧改革的图书馆经典阅读推广——兼论中华优秀传统文化的创造性转化与创新性发展[J]. 图书馆理论与实践，2019（11）：

12—17.

[33] 徐益. 阅读与审美接受 [J]. 河南图书馆学刊，2006，26 (6)：79-82.

[34] 许欢，彭婉，桑裕臻. 改革开放四十年来阅读文化及相关研究综述 [J]. 高校图书馆工作，2019，39 (3)：1-10.

[35] 许欢. 万卷古今消永日：中国古代的阅读世界 [M]. 北京：海洋出版社，2019.

[36] 杨威理. 西方图书馆史 [M]. 北京：商务印书馆，1988.

[37] 杨子竞. 外国图书馆史简编 [M]. 天津：南开大学出版社，1990.

[38] 易雪媛，刘萍，张沁兰. 全民阅读视野下医学生人文素养教育研究：《读书与思维》课程理论与实践 [J]. 中华医学教育探索杂志，2018，17 (7)：665-668.

[39] 易雪媛，龙兴跃，张沁兰，等. 高校图书馆文化建设的 7S 模型构建 [J]. 图书馆研究与工作，2018 (5)：28-31.

[40] 易雪媛，龙兴跃，张沁兰. 基于阅读推广的大学生思想政治教育实践 [J]. 西部素质教育，2021，7 (19)：25-27.

[41] 易雪媛，张沁兰，李文. 新时代图书馆文创产品开发研究 [J]. 产业与科技论坛，2022，21 (12)：277-279.

[42] 易雪媛，张沁兰. 基于 CBET 模型的高校图书馆馆员过程培训体系 [J]. 大学教育，2022 (2)：175-177+185.

[43] 张层林. 阅读文化：视野与维度 [M]. 兰州：甘肃文化出版社，2018.

[44] 张沁兰. 高校图书馆零借阅率分析与对策研究 [J]. 河南图书馆学刊，2017，37 (10)：53-54.

[45] 张沁兰，易雪媛. 党史学习教育与高校红色阅读融合路径研究 [J]. 传播与版权，2022 (11)：96-98.

[46] 张沁兰. "全民阅读"背景下高校图书馆推广校园文化研究 [J]. 文化学刊，2022 (9)：152-155.

[47] 张晓洲，胡至洵. 高校图书馆参与校园文化建设创新服务研究 [J]. 教育教学论坛，2022 (3)：21-24.

[48] 张新杰. 国外阅读推广的实践经验分析及启示 [J]. 南阳理工学院学报，2017，9 (1)：114-116.

[49] 周玉琴，吴建华. 我国阅读服务专业人才供需矛盾与破解之策 [J]. 图书馆论坛，2020，40 (5)：123-131.

[50] 朱红叶. 重建中国大学阅读文化——中西方大学阅读文化的比较与

思考[J].图书馆论坛,2012,32(2):170-174.

[51] 邹艳.古籍阅读推广微信平台的探索与实践——以四川大学图书馆"古小微"为例[J].四川图书馆学报,2018(3):89-91.

后 记

当前，高校阅读文化建设已然成为各高校图书馆不容忽视的领域，书香校园理念日益受到社会重视。但真正让阅读文化在高校师生思想中扎根，仍需要更多创新与延续。我们在撰写本书时总结了在图书馆阅读文化建设中多年的经验与思考，我们梳理了相关理论和案例，将有关阅读文化的拙见与各位读者分享探讨。希望广大高校阅读文化建设者一起在数字化时代坚守阅读初心，将传统阅读与科技前沿接轨，助力延续数千年的阅读文化在当代迸发出新的生机。

易雪媛、张沁兰共同负责本书内容体系设计、编写、统稿和校对。易雪媛主要负责撰写第三章、第五章内容，张沁兰主要负责撰写第一章、第二章、第四章内容。

本书在编写过程中得到了成都医学院图书馆历任馆长（刘萍教授、龙兴跃研究员、王伦安教授）以及现任馆长李勇文和馆内同仁的大力支持与帮助。感谢成都医学院伍利、曾满江、夏莹、杨莉、吴丽娟、张容、丘琦、冉黎、吕茜倩等同仁对本书编写的帮助！四川大学出版社为本书的审稿、出版提供了帮助。在此向各位参编人员、被引文献作者等表示衷心感谢！

易雪媛　张沁兰